JN186549

「からゆきさん」

海外〈出稼ぎ〉女性の近代

嶽本新奈
Niina Takemoto

共栄書房

「からゆきさん」――海外〈出稼ぎ〉女性の近代◆目次

序章　7

第1章　身売りの歴史とその思想――近世から近代に連続するもの　23

第2章　海を渡った女性たち――江戸から明治期　41

凡例

一、漢字は、原則として新字体を使用した。但し、引用文は、原文を基本とし、異字体を通用の字体に改める等の若干の変更を加えた。

二、引用文中、筆者による捕捉を〔 〕で表示した。

三、引用に際して、振仮名を省略した箇所がある。歴史的仮名遣いを現代仮名遣いとした。

序章

江戸幕府が開国を承諾して以降、人々は様々な理由で日本から海外へ移動していった。欧米の知識を吸収するために旅行や留学をする人もいたが、その多くは労働力の需要に応えての移動であり、出稼ぎや移住をその目的とするものだった。海を渡った人々の中には、渡航先で売春を経済的営為としていた女性たちも含まれていた。今日一般に「からゆきさん」[1]という名称で知られる女性たちである。このからゆきさんという言葉を広める端緒ともなった『サンダカン八番娼館――底辺女性史序章』（一九七二年）[2]を著した山崎朋子は、からゆきさんを以下のように説明している。

〈からゆきさん〉とは、「唐人行」または「唐ん国行」ということばのつづまったもので、幕末から明治期を経て第一次大戦の終わる大正中期までのあいだ、祖国をあとに、北はシベリアや中国大陸から南は東南アジア諸国をはじめ、インド・アフリカ方面にまで出かけて行って、外国人に肉体を鬻いだ海外売春婦を意味している。[3]

『サンダカン八番娼館——底辺女性史序章』（一九七二年）

本来は、九州の北西部で使われていたからゆきさんという言葉を上のように定義した山崎の『サンダカン』は、からゆきさんの聞き書きをしたいと望んだ山崎が天草へ渡り、元からゆきさんであったおサキの家に、素性を隠し来島の目的を告げぬまま寝食を共にし、おサキからからゆきさんとしての過去を聞いていくという内容であった。三週間後、山崎は東京で自分を待つ娘と夫の元に帰るため、おサキに自分が来た理由を涙ながらに告白して東京に戻り、『サンダカン』を書き上げ出版した。タイトルにあるサンダカンとは英領北ボルネオの都市名であり、八番娼館とはおサキが働いていたサンダカンに並ぶ娼館の一つであった。人々の間にからゆきさんという耳慣れない言葉が広まったのは、ベストセラーとなった『サンダカン』が七三年に大宅壮一ノンフィクション賞を受賞し、翌年に映画化[4]されたことも大きなきっかけになったといえるだろう。

さらにその四年後には、森崎和江によってタイトルそのものを『からゆきさん』（一九七六年）とする本が出版された。『からゆきさん』は明治、大正時代の『福岡日日新聞』など当時の新聞や文献を森崎自身が丹念に読み込み、からゆきさんを多く出した天草、島原の風土的性格と合わせて女性たちの人生とその時代背景を描き出した本である。『からゆきさん』以前の著作では、ときにその内容が理論的で難解であるとの評価を受けることもあった森崎だが、この『からゆきさん』では抽象的な言葉づかいを避け、森崎が直接見聞きした複数の元からゆきさんの経験や歴史、からゆきさんと縁のある人物との交流を平易な言葉で綴っており、『サンダカン』と同様に多くの読者を獲得し、広く読まれることとなった。

この『からゆきさん』において森崎は二人の対照的なからゆきさんとの出会いを描いている。一人は森崎が天草の道端で会い、南洋に出稼ぎに行っていたことを話す老女である。老女は「働きにいったちゅうても、おなごのしごとたい（傍点原文――引用者）」[5]とあっけらかんと告げて、森崎に鮮やかな印象を残している。もう一人は、〈出稼ぎ〉の経験によって精神的な病いを抱えるおキミという女性であった。二人のからゆきさんに象徴されるように、一口に「からゆきさん」といっても、〈出稼ぎ〉の経緯・経験は当然のことながら異なり、一括りにできるものではなかった。

『からゆきさん』（一九七六年）

本書の大きな目的のひとつは、この「からゆきさん」と呼ばれる、しかし生き様は様々であった女性たちを取り巻く言説とまなざしの変容を、時代を追って検討していくことにある。では、より詳しく本書の目的とするところを明らかにしていきたい。

（1）からゆきさんが考察の対象となるまで――「底辺女性史」という提起

一九七〇年代に『サンダカン』と『からゆきさん』が出版される以前に、からゆきさんを史的考察の対象とした研究はほぼなかったといってよい。戦後のからゆきさん関連の著作を概観すると、森克己『人身売買――海外出稼ぎ女』（一九五九年）、谷川健一編『日本残酷物語 第一部 まずしき人々のむれ』（一九五九年）、谷川健一編『女性残酷物語』（一九六八年）、谷川健一編『ドキュメント日本人 5 棄民』（一九六九年）、本田三郎『ものいわぬ群れ』（一九七一年）などがある。多くは、一九五〇年代後半から一九七〇年代にかけて続々と刊行されたルポルタージュのシリーズ本であった。これは、戦前から戦後における「日本人」[6]が体験した数々の物語の記録を集めた構成となっており、からゆきさんの体験もその一つとして所収されていた。

山崎による『サンダカン』執筆の契機も、実のところ、前述の『ドキュメント日本人 5 棄民』に収録された森崎和江の「からゆきさん――あるからゆきさんの生涯」であった。後に『からゆきさん』に「おくにことば」というタイトルで所収されるこの小話は、天草出身でからゆきさんとなったおヨシの人生を伝記的にまとめた物語だ。当時、「底辺女性史」を書きたいと考え、その題材を求めていた山崎は、森崎のこのエッセイを読み、からゆきさんを「底辺女性史」の主題と定めたのだった。

『サンダカン』の副題に「底辺女性史序章」とあるように、山崎はそれまでの女性史がエリート女性史であることに不満を抱いていた。エリート女性を対象とした従来の女性史では真の女性史と評価することができないため、「それでは、どのような存在がエリート女性史への強力なアンチテーゼとなり得るのか。そう考えたときわたしの脳裏に浮かび上がってきた女性像こそ、ほかならぬ〈からゆきさん〉だったのである」[7]と山崎は『サンダカン』冒頭で述べている。山崎はからゆきさんも、女工や農婦、炭鉱婦、女中などと同じく社会の底辺で呻吟しながら生きた女性たちとみなした。しかし、山崎にとって「売春婦」とは、「もともと人間の〈内面の自由〉に属しているはずのセックスを、金銭で売らなければならなかった存在である。労働力をひどい低賃金で売って生きる生活と、セックスまでも売らざるを得ない生活と、どちらがいっそう悲惨であるか！」[8]と強調するように、他の職業に比べて虐げられた存在と捉えていた。さらに、その「売春婦」の中でも、国内の公娼や私娼に比し、「日本の国土をあとにして海外に連れ出され、そこで異国人を客としなければならなかった〈からゆきさん〉」こそが「もっとも悲惨であった」と山崎は考えたのである。[9]

『サンダカン』には、こうした山崎の女性認識と売春観を付与されたからゆきさん像が通奏低音として流れている。山崎の「良心的」な眼差しは語り口調に多分に反映されているが、上記のような素朴ともいえる売春行為への思い込みは、時代の趨勢に大きく依存して造り上げられていたことも、近年の研究によって明らかにされてきた[10]。この点は本書でも議論の要となる。とはいえ、「底辺女性史」を提起した山崎によって、からゆきさんが歴史学やその隣接分野のなかで、確固とした研究対象として焦点化される契機となった側面は揺るがないだろう。

他方で、『サンダカン』執筆のきっかけとなったからゆきさんのエッセイを六九年に書いた森崎は、一九七六年に出た『からゆきさん』でどのように女性たちの人生と経験を書いたのか。そもそも一九五〇年代から筑豊の炭鉱町で谷川雁らとサークル運動をしていた森崎は、『からゆきさん』出版以前にも、自身の植民地朝鮮に生まれ育った経験に根ざしつつすでに数多くの著作を発表していた。森崎の思想的軌跡を理解するために『からゆきさん』以前の主だった著作を列挙するならば、炭鉱労働者たちの精神世界を描いた『まっくら——女坑夫からの聞き書き』(一九六一年)や、女性の疎外状況と問題を理論化した『非所有の所有』(一九六三年)、女性ふたりの往復書簡の形をとって女性に特有とされる問題の吐露から同性間にある分断と亀裂への思索を綴った『第三の性——はるかなるエロス』(一九六五年)、さらには、民衆の異集団との接触の思想を描いた「民衆における異集団との接触の思想——沖縄・日本・朝鮮の出逢い」(一九七一年)といった作品が挙げられる。筑豊でのこうした文筆活動と生活実践をとおして、森崎は常に日本の近代化を問いなおす作業に従事していた文筆家であった。

日本の近代化、植民地主義、異集団との接触、性差の問題——それら独立しているようで全てが絡まり合っている大きな問題系にひとつひとつ取り組んでいた森崎は、からゆきさんだった女性たちと出会い、鮮烈な印象を受けている。その出会いから森崎は、海外での売春による〈出稼ぎ〉を「おなごのしごと」と明るく言い切る老女と、からゆきさんの暗鬱な経験に精神を蝕まれたおキミに対極化される〈出稼ぎ〉経験の差異に着目し、その要因をふたつの相違に求めた。ひとつめは、日本の近代化によって変化していった、彼女たちを迎えた「ふるさと」の人びとの意識の違い、ふたつめは、彼女たちが出稼ぎ先で日本の植民地主義暴力の連鎖に巻き込まれたか否かの違いである。[11] これらふたつの相違はどちらも社会の時代的な変化を引き金とするものであった。

だが、森崎が提起した〈出稼ぎ〉経験の差異が時代的背景の投影であるという問題意識は、その後のからゆきさん研究において充分に引き継がれたとは言いがたいように思われる。以下、これまでの先行研究を大きく四つの流れに区分し、概観しながら合わせてそれぞれの問題点も攫っていきたい。なお、山崎と森崎に横たわる差異については、本書の終章で再び取り上げることにしたい。

(2) 先行研究のまとめと課題

からゆきさんに関する著作では、〈出稼ぎ〉経験をもつ女性個人に焦点を当て、個人の経験の聞き書きや残した資料から個人史という形で再現する形式がよくみられる。[12] 山崎や森崎の著書もこの形式に属する。個人に即した記述は、個別具体例としてより〈リアル〉な描写を可能とするが、他方で、出身地や出稼ぎ先、あるいは出稼ぎに行った時期、帰国するまでの経験全てが異なる個人史は、相互の連関がみえにくいために、歴史的に膨大な女性たちの〈出稼ぎ〉事象が発生し、それが長期にわたって継続した背景に存する構造が不明瞭になりやすいといった問題点が挙げられる。

次に、一九八〇年代後半から一九九〇年代にかけて、からゆきさんに関する著作を四冊出版した倉橋正直の研究も成果として大きい。倉橋は先に挙げた一九七〇年代の山崎と森崎の両書を「すぐれた研究」と認めながらも、両書とも感性に鋭く迫ってくるがゆえに客観的な歴史の見かたに欠けると述べ[13]、新聞資料を駆使しながらシベリア、中国東北部地方のからゆきさんの実態を描いた。倉橋の研究は、多くの地下水脈にあった資料を紹介している点で重要だが、「売春はたしかに道徳の問題であるが、しかし、他方でそれは何よりも経済の問題であった[14]」という固定観念が散見される。山崎と森崎の著作を情緒的だとして一括りにしてしまう認識もさることながら、この固定観念では、森崎が提示した〈出稼ぎ〉経験の差異や「ふるさと」の人びとの意識の変化を探るという、社会規範の史的可変性と、日本の植民地主義の問題にからゆきさんを位置づけることがやはり困難となってしまう。

三つ目は、移民史研究のなかでのからゆきさん研究である。そこでは、これもまた山崎が描くからゆきさん像は「悲惨さ」が過度に強調されており、より「客観的に」からゆきさんを論じるべきだとの指摘がなされている。売春婦という点を強調されることによって、「リアルな問題＝移住現象の一つとして処理されて」おらず、そうしたイメージによって「いまでも「からゆき」という明確に区別される女性たちの集団は明治以降の日本人の海外進出、または歴史学の外側に置きつづけられるテーマになっている」という。[15] こうした問題意識をもつ論者たちは、「からゆきさんは移民であり、売春は職業の一つであるという立場に立ち、論を進めていきたい」[16] というスタンスをとった。だが本書にて後述するように、売春という行為の多義性ゆえに国外のからゆきさんの存在自体が政治外交的に問題視され、明治政府がその対応を迫られるといった事態が生じたこと、あるいは彼女らが次第に日本の対外膨張政策に組み込まれていったことを鑑みれば、単なる職業としては捉えられない売春に携わることの意味もやはり考察の対象としなければならないだろう。また、売春と売春に携わる女性に向けられたまなざしがどのように変容したかの問題も、このスタンスからは浮かび上がりにくい。

最後に買売春史の研究で培われてきた成果が挙げられるが、からゆきさんを買売春史研究の枠組みに当てはめても、その位置づけは明確なものにならない。というのも、買売春史研究はこれまで公娼制度研究と廃娼運動研究という二つの系譜を主軸として蓄積されてきたため、公娼制度下に入らないからゆきさんも含む「私娼」は、あくまで派生的なものとして捉えられてきたからである。また、「慰安婦」や植民地公娼制度を検証する研究のなかで、からゆきさんを男性によって抑圧され、搾取される「娼婦」という認識範疇に集約し、さらにその抑圧の極限形態である「戦時性奴隷」としての「慰安婦」の前段階に位置づける先行研究も存在するが、(17)その位置づけの根拠は、遊郭制度を近代以前から維持していたという通時性と、外国の地での売春という共時的なイメージであって、具体的にからゆきさんと「慰安婦」がどのように接続し、あるいは断絶しているのかはいまだ明確になっていない。もとより、個別具体的な女性たちの経験の境界は明らかな輪郭をもっているはずもないが、からゆきさんの悲惨さを強調し、からゆきさんと「慰安婦」を性急に接続させることによって、男性ひいては日本国家にその責任を追及する姿勢は、からゆきさんを日本一国の閉じられた問題として看做す傾向をも生みだしてきたともいえる。しかし歴史を遡れば、鎖国時に外国人との性的雇用関係が成立していた事実を見落とすべきではなく、開国以降も諸外国の要請によって外国人専用の遊女、洋妾、そして「外国人御連」として女性が海外渡航していた事例を歴史的に検証していけば、そこには植民地主義ともいえる権力構造の存在を看取することが可能であり、日本はその潮流に乗り出し、女性たちもまた乗せられていったことこそを併せて考察すべきである。国際的な歴史の経緯と、個別の女性たちの移動というミクロな視点の往還運動を意識しながら、からゆきさんを取り巻く状況を捉え返すことが肝要なのだ。

（3）問題の所在と本書の目的

これまでの先行研究の重要性を踏まえながら併せて問題点も指摘してきたが、いずれの問題点にも、売春を経済的営為とした（せざるをえなかった）女性を対象とすることの困難さが通底しているといえる。自分自身の尺度をもって売春の経験を他の職業に比してより過酷と判断する山崎本人の見方もさることながら、山崎の描くからゆきさん像が過度に悲惨化されているとして、売春も他の職業と同一視すべきとの見方も、実は「売春」を特殊と括る認識方法の表裏面をなしているといえる。それは、からゆきさんを「慰安婦」の前史に位置づけようとする観点においても、つねに受動の状態を強いられる「抑圧された性」としての女性像が想定されている点で同様である。

しかし、この売春を特殊視する意識とは普遍的なものではなく、社会的に構築されたものであることはすでに知られている[18]。とりわけ日本では近代化の過程においてそうした意識が構築されていった。であるからこそ、本書が試みるものは、からゆきさんをめぐる言説がどのような社会的状況の中で発せられ、どのように受容、あるいは排除され、いかにそれが社会や彼女たちに作用したのかを検証することである。これまでの研究において、日本が近代化を成し遂げていく過程で、「遊女」あるいは「芸娼妓」とも呼称された女性たちへの差別意識は廃娼運動家たちを筆頭に内面化されていたことが明らかにされているが、それは主に「公娼」、あるいは娼婦全般に対する見方として共有されており、からゆきさんという個別カテゴリーに特化した言説の流れを追ったものは、ほとんどなかったといってよい。

たとえば、廃娼運動史において、運動の担い手たる矯風会や廓清会のからゆきさんに対する態度への言及は、次の表現に縮約されている。

娼妓を「汚れた」存在とし、とりわけ国の体面を著しく落とすものという国辱論は、「からゆき」観に典型的に示される。国辱視は、彼女らを呼ぶのに「海外醜業婦」という呼び名に露骨に表現されてもいる。公娼廃止論者は、もとより娼妓への「同情」を惜しむものではなかったであろう。しかし、この時期の廃娼論者をより強くとらえていた意識は、国家の体面であった[19]。

廃娼論者たちが娼妓蔑視観を内面化し、娼妓への国辱視がからゆきさんへの批判言説に露骨に表れるとの指摘は的確ではあるが、そのような廃娼論の帰結については言及されない。先行の研究は、「公娼」を意味する娼妓をめぐる言説を総体的に据え、「私娼」やからゆきさんへの言説をその補完物として処理してしまう。だが、本書でも重要な指標となってくるが、公娼と私娼、からゆきさんの各区分には、売春という素朴な名辞での総体化を拒む堅固な特殊性がつきまとうこともまた事実である。本書は、そうした特殊性に注意を払いながら、からゆきさんをめぐる言説を通時的にみていくものである。

（4）「からゆきさん」と〈出稼ぎ〉という語について

「からゆきさん」という言葉はすでに多くの先行研究で用いられているが、実のところ扱いが大変難しい言葉である。山崎が「外国人に肉体を鬻いだ海外売春婦」と定義したことはすでに述べたとおりである。先行研究の多くは山崎の定義のままに用いているように見受けられるが、女性たちの相手には当然のことながら日本人男性も含まれていた。また、森崎が「慰安婦もこの名でよばれたりもしている[20]」と書いているように、からゆきさんが意味する範囲は山崎の定義よりも広いといえる。

本論文で「からゆきさん」を用いるときは、「海外に〈出稼ぎ〉へ行き売春を経済的営為としていた女性」の意味であることを予め断っておきたい。出稼ぎに〈 〉を付す理由は第1章で詳しく述べるが、簡単にここで説明をしておけば、近代的な労働観念と労働形態が浸透するまで、女性たちの雇用契約は奉公契約として結ばれることが常であり、身売りと出稼ぎの境界が曖昧であったことを含意するためである。「売られていく」ことはすなわち「出稼ぎ」をも意味していたのである。森崎が「からゆきさんを身近に知る人は、売られたとも自分でとびこんだともはっきりわけられない、という」[21]との言葉は、まさにその両義性を表しているといえる。しかし、「出稼ぎ」という言葉にはどうしても自ら選択をして稼ぎに行く、という主体的な意味合いが入ってしまうため、両義性を担保するために本書では〈出稼ぎ〉と表記することにしたい。

註

(1) 煩雑になるためこれ以降「 」を外し、からゆきさんと表記する。
(2) 山崎朋子『サンダカン八番娼館——底辺女性史序章——』筑摩書房、一九七二年。以後、『サンダカン』と記す。
(3) 山崎、前掲書、七頁。
(4) 映画タイトルは『サンダカン八番娼館 望郷』(一九七四年) 熊井啓監督、東宝、俳優座制作。
(5) 森崎和江『からゆきさん』朝日新聞社、一九七六年、一九頁。
(6) 「在日朝鮮人」のエピソードも収録されている本もあるが、多くは「日本人」の記録である。
(7) 山崎、前掲書、八頁。
(8) 山崎、前掲書、一一頁。
(9) 山崎、前掲書、一一‐一二頁。
(10) たとえば、『娼婦と近世社会』で曽根ひろみは「近世社会において、売春は多くの人々にとって積極的に忌避されるべき行為ではなかったし、国家の政策的対応も倫理性を欠如していた。逆に、反売春の言説が近代以降に登場すること、また売春に対する否定的な倫理感情は、とりわけ「妻や娘には」させたくない、「妻として母として」したくないという、家族を律する規範として表わされる場合強烈でことなどを考えると、売春に対する否定的な倫理感情は超歴史的なものではなく、一定の歴史的根拠――もっといえば近代以降の、家族を律する倫理と深い関連を有していると考えざるをえない」と述べており、筆者もこれに同意する。（曽根ひろみ『娼婦と近世社会』吉川弘文館、二〇〇三年、九頁）。

(11) 森崎、前掲書、四八頁。

(12) たとえば、山崎朋子『サンダカン八番娼館』（一九七二年）、『あめゆきさんの歌――山田わかの数奇なる生涯』（一九七八年）、森崎和江『からゆきさん』（一九七六年）、大場昇『からゆきさん　おキクの生涯』（二〇〇一年）、宮崎康平『からゆきさん物語』（二〇〇八年）など。なお宮崎康平の『からゆきさん物語』は島原出身の元からゆきさんから聞き書きした話を基にした小説である。

(13) 倉橋正直『北のからゆきさん』共栄書房、二〇〇〇年、一五―一六頁。（「両書（『サンダカン』と『からゆきさん』――引用者）とも涙なしには読み通すことが困難なぐらい、よく書かれていて、胸うたれる、すぐれた研究である。しかし、読むものの感性に鋭く迫ってくるという長所が、他方では短所になっているように思われる。たしかに、この問題は辛く悲しいものであるが、しかし、やはり客観的な歴史の見かたがこの場合にも求められよう。その意味で、従来の研究は、残念ながら感性に訴えることを強調するあまりに、この点が多少欠けていた」）。

(14) 倉橋、前掲書、一六頁。

(15) ヴァシリオス・ミハロポウス「統計からみた『からゆき』像の再検討――近代日本海外移動研究を目指して」

『九州史学』九三号、一九八八年、三〇頁。

(16) 福田淳子「からゆきさんのイメージと実像——出身地、渡航地に関する考察」『民族社会研究』創刊号、広島大学、一九九八年、四八頁。

(17) たとえば、金一勉『遊女・からゆき・慰安婦の系譜』(一九九七年)や鈴木裕子「からゆきさん・『従軍慰安婦』・占領軍『慰安婦』」などの著作・論文タイトルからも窺いしれる。また、「慰安婦制度が『からゆきさん制度』の性奴隷的形態をそのまま継承していた」とする二〇〇八年の論文もある(田中利幸「国家と戦時性暴力と男性——「慰安婦制度」を手がかりに」宮地尚子編『性的支配と歴史——植民地主義から民族浄化まで』大月書店、二〇〇八年所収)。筆者はからゆきさんと「慰安婦」の連関性を否定するつもりはないが、からゆきさんが国家的組織によって制度化されていたのかという点など、ここにはさらなる慎重な議論が必要だと考える。

(18) 註(10)を参照のこと。

(19) 鈴木裕子編『日本女性運動資料集成 第八巻 人権・廃娼I』不二出版、一九九七年、二五頁。

(20) 森崎、前掲書、一九頁。

(21) 森崎、前掲書、九一頁。

第1章

身売りの歴史とその思想

近世から近代に連続するもの

山崎が『サンダカン』のなかで、からゆきさんを「悲惨な」女性として描いたことに対し、近年ミハロポロウスや福田は異議を唱えている。そこで、悲惨と一括りされるからゆきさんイメージからの全面的な脱却が意図され「からゆきさんは移民であり、売春は職業の一つであるという立場に立ち、論を進めていきたい[1]」と表明された。また一九世紀から二〇世紀のシンガポールにおける日本人と中国人の娼婦を社会史的観点から分析をしたジェームス・F・ウォレンは、からゆきさんを「抑圧され、虐げられたとの神話的表現のみに目が奪われると、積極的に彼女らの人生を読むことができなくなる[2]」と提起している。議論の冒頭に、あえてこのような表明を前置きしなければならない理由とは、売春とは自らすすんで選ぶ職業ではないという社会に内面化された性倫理の問題が大きいだろう。ここで言う「社会」とは、かれらのような研究者はもちろん、元からゆきさん自身や元からゆきさんを縁者にもつ人々をも包括して成立している社会である。からゆきさんの研究においては、からゆきさんの出稼ぎという経済的な側面を読者に断りなく強調して論を進めようとすることは困難であり、まずなによりも社会的に身売りされた存在であることから出発した。

しかし、からゆきさんの「能動性」や「自己選択性」、つまり女性の「主体性」の片鱗を匂わせる「出稼ぎ」という言葉を用いるのを避け、詐欺契約あるいは家父長制的な抑圧に組み伏せられている境遇を照らしだす「身売り」という言葉を用いようとする意識に隠れているのは、「身売り」と「出稼ぎ」という言葉が二律背反の関係にあることを疑わない言語感覚である。だが、両者はそう簡単に区別できるものなのだろうか。たとえば、海外の日本人娼婦に関する著作で戦後もっとも早い時期に出された森克己の『人身売買――海外出稼ぎ女』（一九五九年）には、表題に「人身売買」とあり、副題に「出稼ぎ」という二律背反であるはずの言葉が等価的に並んでいる。この内実を確認するために、まずは「身売り」の歴史と思想を先行の研究をたよりにみていきたい。

（1）近世までの身売りとその思想

日本における人身売買に関係する最古の史料は『日本書紀』にまで遡る。『日本書紀』の六七六（天武天皇五）年の記述に、下野の国司から所部の百姓が凶年のため子を売ることを願い出たが、朝廷はこれを許さなかったという内容がある。(3) これはそれ以前に子どもを売ることを禁止していたということであり、さらにそれより古くから子どもの売買がなされていたことを意味する。律令時代には人身売買に関する法の整備がなされ、人身の売買が禁じられ、違反者に対する刑も定められたが、当時の身分秩序によって奴婢とされていた人々の売買は公認されていたという。また律令時代の後も時の権力は折に触れて人身の売買を禁ずる法令を出したが、それは奴婢以外の身分全般に敷衍されたものでは決してなく、「……それぞれの社会の体制や必要に応じて、時の権力は特定の売買を認め、あるいは特定の売買を禁止した」という意味であって、人身売買の歴史を法制史の観点から整理した牧英正によると、「近代以前の日本では無条件に一切の人間を売買すべきでないとされたことはない」という事実をまず確認しておきたい(4)。

牧の指摘でより重要と思われるのは、「人身売買の歴史は日本における雇傭法史の前史としての意味ももっている(5)」という言葉である。古くから日本では、労働力の供給と確保は人身売買という形式をとってなされていた。これは一見すると、奴隷制度のようでもあるが、牧は日本での売買の意味を「日本の古法をしらべると、物の売買といっても、物自体の所有権の完全な移転を必ずしも意味しなかった」と指摘する。牧の指摘の意味するところは、そもそも土地の売買で期間を限って売るといった現行法では貸借権に相当するものも売買と言い表していることである。そして中世以降、永代売と年季売との区別がされるようになり、さらにこの区別が人身の売買にも適用されることになったという。本論にも関わる重要な点なので引用しておきたい。

人身の永代売買といえば奴隷的身分の設定であり、買主のもとで譜代の下人とか相伝の下人とよばれる者となる。年季売であれば所定の年限買主のもとで使役され、期限後売主が買いもどすことを予定されている。年期《ママ》売は本銭返（対価が物であれば本物返）ともよばれる。年季売や本銭返は債権担保の機能を果したので質とも混同された。子女や下人等を質物とする人質契約は人身の売買と不可分の関係にある。（中略）遊女等の年季奉公における前借の給金とは、本質は年季売の身代金であった。(6)

引用文中にある年季奉公を広く推し進めたのが豊臣秀吉であった。具体的には秀吉が行った太閤検地や人身売買に関する政策である。

秀吉政権は兵農分離体制を確立するために全国規模で太閤検地や刀狩りを実施し、また、経済基盤である農村の復興および発展のために「人売り買い」禁止令・人返し令・「奉公人」法度などセット政策を推進した。このセット政策は、奴隷・隷属民の労働に頼る生産構造から農奴（夫婦掛け向かいの小農経営）に基盤を置く生産構造への移行を促進した。(7)

『〈身売り〉の日本史』を書いた下重が簡潔に述べるように、これらの秀吉の政策によって生産関係が奴隷制から農奴制へと移行し、日本史においては中世から近世への時代区分の画期とみなされているが、ここで注目すべきは先にも書いたように、人身売買から年季奉公人化への変化である。これはそれまでの人身の売買によって労働力を供給するのではなく、年季奉公による雇傭労働契約によって労働力のみを売買させようとしたもので、「百姓身分の者が一時的にとる地位・状態である年季奉公を体制的に成立させることによって、奴隷制に頼らぬ生産関係を築いていく基礎[8]」となったものである。

年季奉公人体制は徳川政権以降も進められ、雇用契約制度である年季奉公が一般に普及しはじめると、譜代・下人としての男性の売買は一七世紀末にはほとんどみられなくなり、女性の場合でも譜代の下女となり生産活動に従事するケースは極めて少なくなっていった。つまり、「近世を通じて一般の労働関係は、身分的な隷属から債権的な奉公関係へと推移してきた[9]」ということである。

そのような流れのなかで、遊女や飯盛女[10]にも年季奉公契約の形式が浸透していくことになる。下重は一六八二（天和二）年に江戸町奉行から出された「隠れ売女」等を規制する町触に書かれた「遊女奉公人」という表記に注目し、この前後に出された二つの江戸町奉行所の判例（裁許例）の文言を比較すると、どちらも新吉原の遊女となったという事実を、前者（一六八〇年）は「遊女に売る」とし、後者（一六八四年）は「遊女奉公に出る」と表現していると指摘する[11]。つまり、「遊女や飯盛女になることは、親・夫が娘・妻を売り払った結果ではなく、遊女あるいは飯盛下女という奉公に出すことを意味するようになったということである。これは大きな意識改革であった[12]」と続ける下重は、この違いを単なる表現の差異としてではなく、そこに人々の意識の変革を看取したのだ。

だが、遊女の奉公人契約は、他の労働の有償的提供を目的とした年季奉公とは次の四点で内容を異にしていたという。その四点とは、①家長権を人主から雇い主へ委譲、②転売の自由、

③身請け・縁付けの権利を雇い主に委譲、④死亡後の処置も雇い主へ一任、である。法制史の研究者である中田薫は、これらの特徴が「奴婢所有権の作用にも比すべき、他人の人格に干渉し、其人格的法益を処分する人法的支配を、雇主の手に委譲して居る点に於て、此奉公契約が其本源たる人身売買の特質を充分に保存する」[13]として、これを他の年季奉公と区別して「身売的年季奉公契約」と名付けた。つまり、建前上は年季を限った奉公契約だが、実質は自身の身体的権利と自由を大きく制限された身売りと変わらなかったのである。しかし、たとえ内実に変化はなくとも、人々の意識を「身売り」から「奉公へ出す」という認識の変化を促したように、「公儀権力による年季奉公人化政策が遊女や飯盛女の人身売買性の払拭にはたした役割は想像以上に大き」かったという[14]。

また、内実として人身売買と変わらずとも、困窮する庶民にとって娼妓渡世は常に身近な選択肢でもあった。これは近世の公権力が徹頭徹尾「経済」の論理で売春対策にあたっていたこととも無縁ではない。近世の公権力は遊郭や飯盛旅籠屋での遊女や飯盛女の売春行為を公認・黙認する一方で、隠れ売女を禁止し、取り締まる政策をとっていた。こうした近世における買売春に対する公権力の政策意図を曽根ひろみは以下のように概括している。

幕府が茶屋女や飯盛女を次々と公許し、各藩が城下町に遊郭設置を公許する論理も、これを願い出る庶民側の論理も、例外なく「町方・宿方の繁栄」「渡世上下の潤」――すなわち売春が町や宿場を繁栄させ広汎な人々の生業と暮らしを潤すという経済の論理であり、幕藩の公権力が売春を禁じるのは、それが公認の場所以外で行われるか、決められた人数を超えた娼婦を抱え置いている場合のみであった[15]。

公権力の売春を公認する論理が経済の論理であったことは、その後に公権力が認可していく「身売り」の理由が「飢渇之者」であることにも見てとれる。夫が妻に売女をさせることは封建的な家族秩序を乱すものとして幕府が取り締る対象であった一方で、享保期の『御定書』では「「飢渇之者」が夫婦申し合わせのうえ、女房が納得して売女をしているならば糺明に及ばぬ[16]」とする項目を禁止事項の次に補足している。これは娼妓渡世が「下層都市民の止むをえざる渡世のあり方であることを、公権力が黙認した[17]」ことを意味していた。

加えて、身売りの契約の際には合意の上という条件が必要であった。「公権力が、売女奉公を他の奉公と同一のものとみなす根拠の一つに、実親や売女自身が「得心」＝納得して、これを行っているという認識があった[18]」と指摘されているが、人身売買的要素が濃厚であるにもかかわらず契約上では同意している、というこの点によって本人の「自由意志」による娼妓渡世であるとの建前が成立していたのだった。

（２）民衆の買売春に対する意識——外国人が見た日本

さて、近世社会での買売春制度は徹頭徹尾「経済の論理」に支えられていたことは既に述べたとおりである。「売春業者とそれに寄生する諸役人、売春を放置する公権力への批判はあっても、買春行為・売春行為そのものへの倫理的批判はついに現われなかった[19]」と曽根が述べるように、開国後に欧米の性道徳観が持ち込まれるまで日本は長らく買売春行為自体への倫理的判断が不在であった。その証左に、しばしば来日した外国人が近世社会の買売春制度に対して違和感を吐露している。それは彼ら自身が内面化している西洋の性道徳的観点でもって日本の買売春を眺めていたからであった。彼らが日本の買売春制度の何に驚いたのかを拾うことで、日本の買売春制度のヨーロッパとは異なる特殊性を確認するとともに、当時の日本の性意識を検討したい。

たとえば、ドイツであれイギリスであれ、娼婦を抱える娼家は点在していたが、通常娼婦は、後述するオールコックの言葉を借りれば「消すことのできぬ烙印」を押され、「普通の結婚」は望むべくもなかった。このような事態がどのような事由に起因していたかと問うならば、「婦人の純潔」、すなわち〈処女性〉に価値を見出し、女性に〈処女性〉を求める性文化に彼らが属していたからだと答えられよう[20]。

一六九〇（元禄三）年に長崎の出島オランダ商館付き医師として来日したドイツ人のエンゲルベルト・ケンペル[21]は丸山遊郭を観察して次のように述べる。

娼妓は極幼き時、一定の金子にて年期（十年、二十年）を定めて身を贖はれ、楼主の富の度に従ひ、七人より三十人までも年の多きも少きも、ともに一つの家におかる、なり。（中略）か、る娼妓にして（既に年限を過ぎ、幸にして）公正なる市民と結婚するならば、彼女は自らその淪落失行に責任あることなく、教育も相当にあれば、通常の市民の間に伍して公正なる婦人と認めらる、なり。楼主は之に反して彼如何に富裕なりとも、決して公正なる市民とは認められず、又それと交際すること叶はず[22]。

つまり、年季が明けた丸山遊女たちは「公正なる市民」と結婚すれば、売春という不特定多数の男性に性を売っていた行為の責任を問われることなく「公正なる婦人」としての待遇を受けるというのである。これはケンペルにのみ特異な見解ではなかった。

ケンペルに百年ほど遡り、一五九四年から一六〇二年まで世界交易に旅し、各地の性習俗を詳細に記録したフィレンツェの航海商人フランチェスコ・カルレッティ（一五七三―一六三六年）は、『西インド及び東方諸国見聞記』（一七〇一年刊行）のなかでポルトガル人船員と関係を持った日本の女性たちに言及しているが、外国人との妾関係は「少女たちの結婚にとって、

明治初期の横浜「ネキタリン No.9」（長崎大学付属図書館所蔵）

いかなる障害ともならなかった(23)」と記している。

またケンペルに続く蘭学者たちの師で、オランダ商館付き医師として一七七五年に出島に滞在し、徳川家治にも接見した経験をもつスウェーデン人の植物学者カール・トゥーンベルィ（一七四三―一八二八年）は、『日本紀行』の一節にて「どんな小さな村でも、大きな都会と同じに公開の遊女屋があ」り、「この土地の人は節欲と云うことを徳とは考えていない。そしてこれを犯す罪に対し別に恥を辱じない」と前置きながら、「一層意外なことは、この遊女たちが、自分が売られて行き稚い齢から育て上げられた家に数年間居た後に、なんらの不名誉の諺なく社会に還って行けるし、猶時によれば正しく且つよい条件で結婚が出来ることである」と『解体新書』のなかで「処女膜」という訳語が発明された翌年の日本社会を描写している。[24]

ケンペル、トゥーンベルィと並び「出島の三博士」と称されるフランツ・フォン・シーボルトの場合についても、タフト大学の日本学者ゲイリー・レアップは、著書『日本における異人種交際』のなかで、シーボルトと親密だった丸山遊女の其扇がシーボルト追放後に大商人の俵屋時次郎と結婚したことを、この二学者による驚嘆の系譜によって解釈している。[25]

同様の観察を残している初代駐日総領事兼外交代表として江戸に着任した英人オールコック（一八〇九—一八九七年）の描写が詳しいので、以下に引用したい。

法律は、そのため［売春——引用者］の施設の維持を認めているし（これは、あるキリスト教徒の国々と同様である）、契約の当事者双方を保護している。不幸な犠牲者たちは、一般に幼少のころからその職業につくべく育てられ、この人びとにはなんの自由意志もないことを一般の人びとは十分に認めている。そのために、法律の定めるとおりに一定の期間の苦役がすんで自由の身になると、彼女たちは消すことのできぬ烙印が押されるようなこともなく、したがって結婚もできるし、そしてまた実際にしばしば結婚するらしい。夫の方では、このような婦人の方が教育があり芸のたしなみもあるというので、普通の婦人よりも好ましいわけである。[26]

オールコックも不特定多数の男性に売春をしていた女性が通常社会へ戻り結婚することに対して率直に驚きを表明する。続けて彼はこう述べる。

これらの婦人たち［娼婦――引用者］は、人生のはじめの何年間にわたる異常な状態を普通の婚姻関係のなかに消滅させてしまうのである。このように、悪徳と美徳・売春と婚姻のあいだにふみこえることのできぬ一線というものがないということが、婦人の純潔と男性の道徳ないし家庭の関係にたいしてどのような影響を与えるかということは、現在外国人が知りうるよりももっとよくこの国民とその生活様式を知るようになるまでは憶測の域を出ない。(27)

イギリスの哲学者であるJ・S・ミルの思想的影響を自認し、自国の文化をもって他国の文明度を計らないよう慎重な態度で臨むよう心がけるオールコックだったが、それでもやはりこの一節からは日本の風習が不可解に映っていることが伝わってくる。

「身売り」や買売春の制度が「経済の論理」を主軸にした近世日本社会の光景は、プロテスタンティズムの価値観を内面化し、女性に純潔を求める性文化に属していた「外」の目をとおして浮かび上がる。奉公にいった女性たちは、一〇年あまりの年季奉公を務め上げれば帰郷する心積もりであって、彼女たちを送り出した村も帰郷を当然と受け入れる日常があった。むしろん、それは女性の「自由」を実現していたわけでは決してなく、むしろ困窮すれば娘を売るという慣習を、少女たちに「親への孝」だと教え込むような社会経済構造に彼女らが組み込まれていたことの証左でもあった。

しかし、少なくとも身を売って生きるからといって、「人間外」の烙印を押されてしまう事態の稀な生活空間が近世社会にあったことは強調しておきたい。それはつまり、娼妓奉公をしていた女性もまた婚姻関係を結んで家に入っていくという経路が確保されていたことを意味しており、そうした意識と家の存続とは不可分でもあったのだ。こうした買売春の論理と売春への意識は、開国後に西洋的な性道徳規範や一夫一婦制遵守の論議が日本国内に次第に普及していく過程においても、時に混在し時に葛藤しながら日本社会に長らく併存していた。

註

（1）福田淳子、前掲論文、四八頁。
（2）ジェームス・F・ウォレン「シンガポールにおける娼婦の社会史」『岩波講座 近代日本と植民地五 膨張する帝国の人流』岩波書店、一九九三年、二六五頁。
（3）牧英正『人身売買』岩波書店、一九七一年、二一－三頁参照。

(4) 牧、前掲書、八頁。
(5) 牧、前掲書、九頁。牧は続けて「人身売買から出てきた日本の雇傭制度は、長い間その影をつけてきたし、今日の労働問題もいまだにその影におびやかされているといっても過言ではあるまい」と述べている。
(6) 牧、前掲書、九頁。
(7) 下重清『〈身売り〉の日本史——人身売買から年季奉公へ』吉川弘文館、二〇一二年、一一五頁。
(8) 下重、前掲書、八頁。
(9) 牧、前掲書、一一六頁。
(10) 江戸時代の様々な種類の売女（はいた）のなかで、公認の遊郭にいたのが遊女（あるいは傾城）であり、飯盛女は正式には道中旅籠屋食売女といって、旅籠屋で給仕をしながら売春もしていた女性を意味する。
(11) 下重、前掲書、一六〇−一六三頁。
(12) 下重、前掲書、一六四頁。
(13) 中田薫「徳川時代に於ける人売及人質契約」『法制史論集』三・上、岩波書店、一九四三年。
(14) 下重、前掲書、一六〇頁。
(15) 曽根、前掲書、三四頁。
(16) 曽根、前掲書、六一頁。
(17) 曽根、前掲書、六二頁。
(18) 曽根、前掲書、六三頁。

(19) 曽根、前掲書、三四頁。

(20) 関口すみ子によると、「ヨーロッパ人が当惑し理解不能と感じたのは、遊女・遊郭の慣習にある、ある種の「気安さ」である。「身を売る」ことが「罪」ではなく、特別視することもそれほどなく、「妻」と行き来するということである」と西洋人の当惑ぶりを示し、こうした西洋人の驚きの元となった日本の状況を、「こうした遭遇の日本側の事情としては、おそらく、武士の集住とお上のお墨付きで遊郭が制度化されたこと、巨大都市江戸で吉原が文化や産業の枢要の地位を占めたこと、外部との接触が厳重に管理されたため慣習が保存されたこと、儒教の規範がそのままの形では浸透しなかったこと、江戸を先頭に幕末には道徳(建前)の空洞化が進んだこと、厳密な男系相続を要求しない「家」の性質等が挙げられるであろう」としている。(関口すみ子『御一新とジェンダー――荻生徂徠から教育勅語まで』東京大学出版会、二〇〇五年、二八九頁)。

(21) エンゲルト・ケンペル(一六五一―一七一六年)ドイツ生まれ。一六九〇(元禄三)年にオランダ東印度会社の医師として長崎に上陸。日本滞在は二年余りであったが、その間二度ほど江戸へ参府し、五代将軍徳川綱吉に謁見している。来日する以前は、スウェーデン国王の使節団秘書としてモスクワおよびペルシャを歴訪し、オランダ東印度会社に入社してからは、アラブ、インド、インドネシア、タイを訪れている。ケンペル死後、一七二七年に『日本誌』がロンドンで出版されている。国立民族学博物館編『ケンペル展 ドイツ人の見た元禄時代』(一九九一年)によると、ハインツ・リーゼンフーバー(連邦研究・技術大臣)のメッセージに、「彼の業績の中でもとくに一七二七年ロンドンで出版された『日本誌』は画期的なものでした。それはオランダ、フランス、ドイツでいち早く訳され、一七七七年から七九年のわずか二年の間にドイツではその改訂増補版が刊行されたのでした。カント、モンテスキュー、ヴォルテーヌ、ゲーテといったヨーロッパの代表的な知識人も日本に関する知識はこの本によって得たのです」とある。

（22）ケンプェル（ケンペル）『ケンプェル江戸参府記 下巻』呉秀三訳、駿南社、一九二九年、一七二―一七四頁。

（23）Francesco Carletti, *My Voyage Around the World*, trans. by Herbert Weinstock (New York: Pantheon Books, 1964), 128.

（24）ツンベルグ『ツンベルグ日本紀行』山田珠樹訳、奥川書房、一九四一年、二九四―三〇〇頁。

（25）Gary P. Leupp, *Interracial Intimacy in Japan: Western Men and Japanese Women, 1543-1900* (London: Continuum, 2003), 98.

（26）ラザフォード・オールコック『大君の都――幕末日本滞在記【中】』山口光朔訳、岩波書店、一九六二年、三六四―三六五頁。

（27）ラザフォード、前掲書、三六五頁。

第2章

海を渡った女性たち

江戸から明治期

丸山遊郭（長崎大学付属図書館所蔵）

（1）海外〈出稼ぎ〉の歴史的・地理的条件——長崎における外国人との雇用関係の確立

外国人を相手に売春をする日本人女性という原形像を鎖国期の日本国内で探るとき、そこに浮かび上がるのは寛永年間に長崎丸山・寄合の花街に集居された遊女たち、すなわち丸山遊女である。鎖国を解いた日本からどのような形で日本人女性たちが海外に渡航したかについては諸説あるものの、出稼ぎ女性の先駆けとなった大部分は、この長崎港を起点とする九州出身の女性たちであった。

鎖国時に長崎にて貿易を許されていたのは、最終的に清国とオランダのみである。江戸時代唯一の国際貿易港として繁栄を極めた長崎であったが、それぞれオランダ人は出島に、清国人は唐人屋敷を居留地とし、域外外出は許可されなかった。幕府はオランダ人や清国人に対して厳しく行動範囲を限定し、日本人に

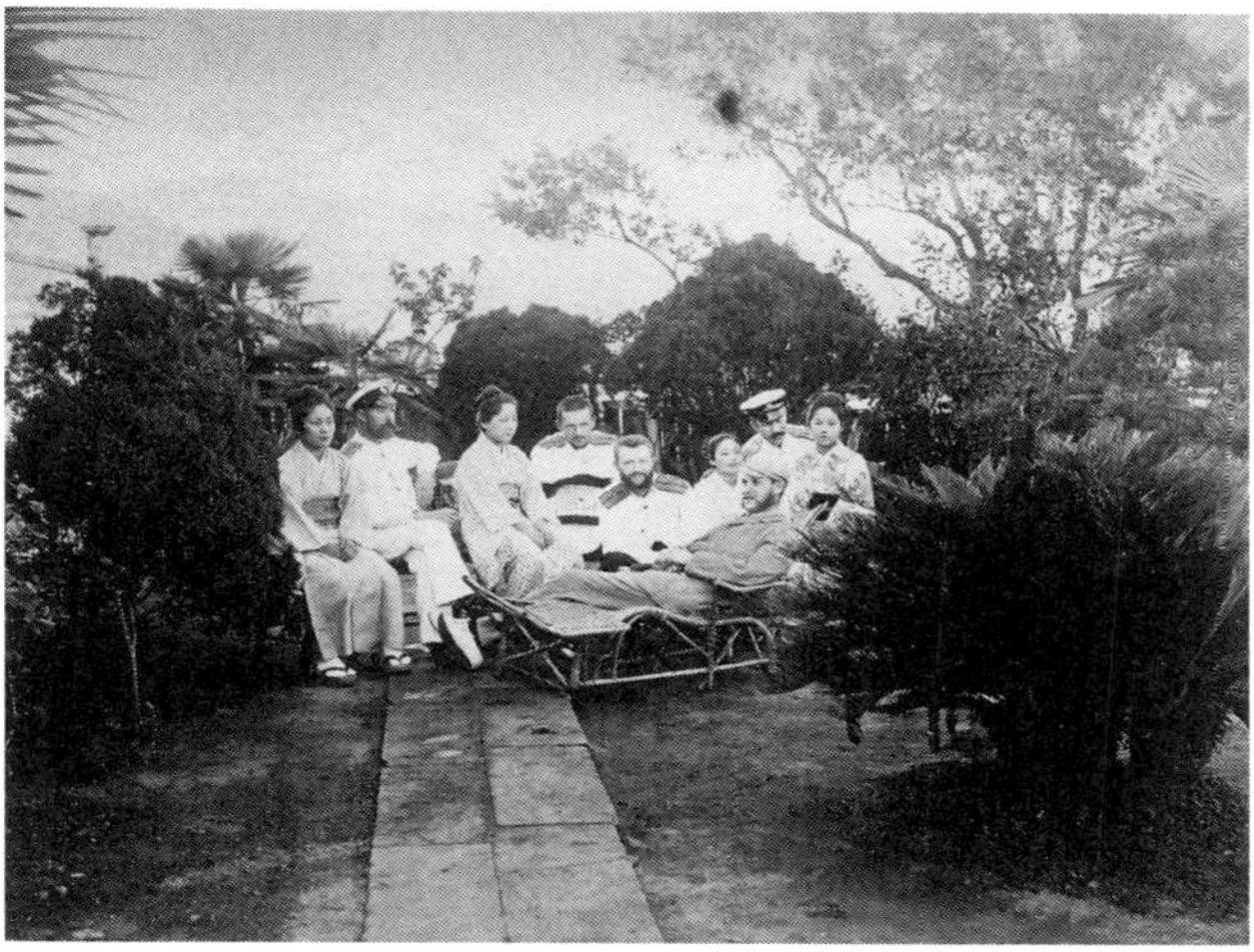

稲佐のホテルでくつろぐロシア兵と女性たち（長崎大学付属図書館所蔵）

対しても出島や唐人屋敷への出入り資格を制限した。しかし、その出入りを許された限られた少数の日本人の一群に丸山遊女たちの姿があった。出島へ赴く遊女たちは「紅毛行」、唐人屋敷へ赴く遊女たちは「唐人行」と称され、日本人のみを相手として春をひさぐ「日本行」の遊女とは明確に弁別がなされていた。開国後に日本人女性が渡航する事例で最も早い時期に表れるのは、この丸山遊女たちや「名附遊女」と呼ばれた女性たちが外国人の洋妾として海外へ渡る事例であった(1)。

いうまでもなく、開国後には清国人、オランダ人に限らず、他のヨーロッパ諸国の出身者も長崎での日本人女性による性的雇用関係を結んでいくことになった。そのなかでもとりわけ有名なのが、ロシア人士官専用であった稲佐の露西亜マタロス休息所である。当時、ロシアは旅順[2]を租借する前であり、不凍港を持たなかったため越冬の寄留港として長崎を利用していた。マタロス休息所は一八六〇（万延元）年六月にロシア軍艦提督ビリレフによる長崎奉行所へのロシア人専用の遊興所を設置したいとの申し出がきっかけで作られた。

稲佐でのロシア人との交流において特筆すべきは、日本で初めて検黴制度を導入したという点である。近代日本における公娼制度は、前近代から続く公娼制が欧米の影響によって近代的に再編された。そのメルクマールのひとつに性病検診という新たな衛生概念の浸透が挙げられるが、稲佐の遊郭側は当初ロシアの検黴要請に対してこれを拒否し、また稲佐の土地の者が遊郭を独自に設立することも、丸山・寄合町の「遊郭専売特許」の特権をもってこれを許可しなかった。そこで談合の結果、市郷の貧しい娘たちが集められ、籍だけを丸山遊郭に置く「名附遊女」として丸山遊郭に登録し、彼女たちに検黴を受けさせたうえで、稲佐へ送りこむことで一応の解決をみることにした。「英人や仏人などの洋妾にして随分多額な所得を獲た者もあったが、稲佐のラシャメンとは到底比較にならなかった。それで、市郷の貧家の娘などは、稲佐のラシャメンたらん事を切望したのである」[3]という状況もみられたという。

ここで名附遊女の説明をしておきたい。『長崎市史』や『丸山遊女と唐紅毛人』を著した郷土史家である古賀十二郎は「名附遊女は洋妾の祖とも謂ふ可きものである」[4]と表現している。名附遊女とは、「名前借」といって「遊女屋に手数料を支払いたる上、名義だけ遊女屋に籍をおき、普通の遊女と同様に、源氏名即ち遊女名を用い、表面のみ遊女屋抱の遊女となりて、唐館または蘭館に入りて、唐人または紅毛人に接触する」[5]遊女たちを指す。大きな特徴は、唐人屋敷や出島への出入りの継続や中止を自らの意志で決められた点である。また「名附遊女は、今日は甲の唐人に接し、明日は乙の唐人に接すると云うように、相手構わず、売色した者ではなかった」[6]という古賀の一節は、遊女屋と年季奉公契約を結び、本来それに束縛された遊女との違いを際立たせている。つまり、「名だけは「遊女」という、素人の女性が〈異国人〉間関係を結ぶようになった」[7]ことを意味していたのである。

長崎には、前述のような丸山遊女たちの「唐人行」「紅毛人行」とはまた異なる形態で清国人、オランダ人に関係する名附遊女という女性たちが多数存在していた。その後、名附遊女たちは、一八七二（明治五）年の太政官達第二九五号（通称「娼妓解放令」）と翌年に出された「貸座敷渡世規則」の公布によって、「娼妓は、貸座敷に於てのみ営業に従事することを許され、外国商館、其他異国人居住の場所へ赴く事を厳禁せられた」[8]ために、名附遊女から洋妾への転換を迫られるのであった。「名附遊女は洋妾（ラシャメン）の祖とも謂ふ可きものである」といわれる所以である。海外への出稼ぎ女性の先駆けとなった女性たちの多くが長崎の丸山遊女であったことは、当時の日本人海外渡航記録を調査した宋連玉も触れているが、丸山遊女、洋妾、〈出稼ぎ〉女性の連続性をこの点に確認することができる。[9]

横浜の場合

では、長崎以外の開港地の状況はいかなるものであったのか、同じく国際港をもつ横浜の例について竹下修子の論文を参考に確認しておきたい。一八五九（安政八）年、幕府は新しく開港場となる横浜に外国人専用の港崎遊郭を作らせた。これは早くから長崎の丸山遊女に接していたオランダによる要請の結果であった[10]。しかし、鎖国時にも国際貿易港として海外に開かれていた長崎と異なり、開港当時の横浜においては、「外国人は夷狄として蔑まれていたので、港崎遊郭開業に際し、遊郭側は外国人相手の遊女を思うように集めることができず、遊女の中には外国人の相手をするのは死ぬよりも辛いことだと言って嫌がった者もいた[11]」状況であった。

遊郭側は長崎の丸山遊郭まで人を派遣し、外国人に慣れている遊女を集めようとしたが、結果は芳しくなく要求数を満たせなかった[12]。そのため、遊郭側は関東地方の村落に出向き貧しい家の娘たちを雇い入れたという[13]。「素人の女性は必ず遊郭に籍を置き、鑑札料を支払い、源氏名をつけた上、外国人のもとに行かなければならなかった。これが、名附遊女（仕切遊女）の制度であり、「らしゃめん」の始まりである[14]」と竹下が述べるように、横浜でも長崎でも同じく名附遊女から洋妾へと転換していく様子をみることができる。

ちなみに、「一等らしゃめんの月給は二十両であった。高級官吏ですら二十両を取る者は少なかった当時、女性で二十両の月給は破格であった[15]」ように、外国人との性的雇用関係は日本人男性を相手にする場合より、比べようがないほどの収入を伴い、彼女たちにとって洋妾とい

横浜高島町の遊郭（長崎大学付属図書館）

う身分は合理的な選択肢のひとつになりえた。洋妾とはあくまで外国人との雇用関係によって成り立つ存在で、日本人女性と外国人の側から見た場合、日本人女性との関係は「現地妻」や「植民地妾」と同義であった。稲佐の露西亜マタロス休息所を例にとれば、民家を借り受け長崎滞在中に日本人女性を一時的な〝妻〟とする〝結婚〟の慣習(16)を大いに活用したロシア人たちは、往々にして好意的な賛辞を書き残している。「しかし、ロシア人が楽しく暮らしたという意見は、ロシア人の一方的な視点から発せられるものに過ぎない。この一見穏やかな光景や恋愛感情もまた、ロシア人士官が自身の心を和ませる為に買ったひととときのロマンスなのである」[17]と指摘されるように、それはあくまで金銭を媒介にした一時的な関係であった。[18]

(2) 明治一〇年代における庶民にとっての海外〈出稼ぎ〉

国際港を利用する外国人によって外の世界に開かれていった日本人女性たちにとって、上海やロシアへと〈出稼ぎ〉に行くことは身近な選択肢となっていた。当時、上海は国際貿易港として繁栄しており、またロシア船の出入りのためウラジオストックをはじめとする北方も渡航先の一部であった。とりわけ長崎と上海の関係は、「上海は、かつて長崎県上海市で郵便が届いたところ[19]」と言われるほど地理的に近い存在であった。これは一八五〇年代末から一八七〇年代にかけて、英国をはじめ、仏国、米国、そして日本など、各国の郵船会社が上海と日本を結ぶ航路を次々に開通したため、「定期便に搭乗して上海へ出稼ぎにいくことはさほど困難なことではなかった[20]」という状況が、当時の日本にすでに生まれていたからである。たとえば、一八七八(明治一一)年一二月一一日付の『読売新聞』には、「此ごろ肥前長崎辺では百姓町人の娘で年ごろなのは容貌のよい悪いにかかわらず支那上海へラシャメンに買われて行くのが多く夫れがため同地では下女になるものが少ないので大店などでは困ッて居るという[21]」と、上海へ洋妾として行く女性が多いことを物語る記事が載っている。

また翌年の『朝野新聞』には、鹿児島県士族から上海で娼妓渡世をさせたいとする記事が掲載された。

鹿児島県士族鈴木恭義は、当節府下にて密売淫の流行するは活計に困る者の多きゆえなれば、なにとぞこの悪弊を除くためにこれらの婦女を上海へ連れ往き、年限を定め娼妓渡世をなし、活計の目処の立ちたる上帰朝させたくと、このほど府庁より内務省へ伺い中なりと。古今独歩の妙案だかどうか。[22]

（『朝野新聞』「娼婦の輸出を出願する者あり」明治一二年三月一日付）

後続の第3章で明治政府の買売春政策の方針を検討するが、ここで簡単に触れておくならば、明治政府の買売春政策においても、前章で確認したように近世と同様に買売春への否定や倫理的判断が見られないままに、むしろ女性の「供給」過程に伴う人身売買的側面の払拭を目的として、本人同意の上であるならば「救貧」のために公許するという点で連続性をもっていた。だからこそ、「密売淫」が増加しているのは「活計に困る者」が多い故なので、「活計の目処」が立つよう上海で「娼妓渡世」をさせたいとする出願の論理は、まさに近世から近代に続く公権力の買売春施策と一致する内容であり、上のような記事が一八七九（明治一二）年に掲載されるのはそれほど奇異な事ではなかった。[23]

公娼制度の近代的な再編を経た後でも身売りの意識自体はそれ以前となんら矛盾することは

なかったし、そうした意識は民衆にも共有されており、親や兄弟が前借金という僅かな収入を手に入れるために身売りすることは孝行として賞揚される社会でもあった。海を越えた移動であっても近世から続く〈出稼ぎ〉奉公の連続性のなかに彼女たちの労働形態は位置づけられるといってよいだろう。

また、ふたつの記事に共通してみられるのは売春に対する性道徳的な判断の希薄さである。明治一〇年代の当時においても「活計」のためであれば「娼妓渡世」もやむなし、という近世から近代に続く意識が民衆社会にも共有されていたことは、この記事の牧歌的な論調にも明らかである。だが、〈出稼ぎ〉を常態として受け入れる女性たちや村社会の存在したことの他方で看過してはならないのは、性的な雇用関係を「創出した」欧米人たちがその伝統と習慣をうまく利用したことであり、同時に日本の公権力も開国にあたって積極的に女性の性を「提供」しようと画策した点である。

(3) 渡航幇助者――「誘拐者」と「密航婦」の内実

では、実際に女性たちはどのような手段で渡航したのだろうか。その問いに答えるために渡航幇助者たちへ目を移したい。当時の「密航婦」に関する新聞記事を分析することで、女性たちがどのようなネットワークの中で海外へ渡航したかの一端を明らかにしていこう。

海外〈出稼ぎ〉女性の渡航が不同意の強制体験だったのか、自主的な労働移動の過程だったのかの判断は、個別の検討なくして即座にくだせるものではない。また、先にも確認したように、女性たちの〈出稼ぎ〉奉公の形式と意識は近世から続いたものであり、受動的か能動的かの二項対立的枠組みで捉えることはそもそも困難である。

森崎の『からゆきさん』に登場する天草出身のおキミは、朝鮮に渡ってからゆきさんになる以前は浅草の「因業小屋」と呼ばれる見世物小屋の興行主に養女に出されていた。その見世物小屋には死人の見世物になるために、病人も売られてきていたという。この「売られる」という当時の現実と感覚を森崎は次のように表現している。

その当時は、おキミやこの病人たちのように、養子とか養女とかいう名目で芸人として、あるいは娼妓として売られる者はいくらもいた。それは明治になるまえからの風習であった。売られる、ということばは、日々人の口にのぼっていたが、それは口べらしにされるというほどの意味あいであった。売られた者もまたそのおかげで、どこかで食べてゆけた。(24)

渡航するにあたっての女性たちの主体性を問うことは難しく、またそうした認識枠組みそのものを問い直す必要があることはこれまでにも述べてきたとおりである。だが、ここでひとつ明確にしておきたいことは、女性単身での国外渡航は実行不可能だったという事実だ。そこには必ず渡航を幇助する者たちと、かれらの営為を多面的に結びつけるネットワークの存在が必要とされていた。

ネットワークの詳細な解明は資料的な限界もあり困難を極めるが、ここでは数多くの出稼ぎ女性を出した九州地域の主要メディアであった『福岡日日新聞』、『門司新報』、長崎の『東洋日の出新聞』から、国外誘拐に関する記事——その多くは密航取り押えの報道であった——を析出し、渡航幇助者について検討してみたい。その際に女性渡航幇助者の役割とジェンダー分析も併せて論ずる。この作業は、地域に住む人々がどのような過程を経て出稼ぎ者となるに至ったのかという問題の主題化に資料的な足がかりを得ることを意図している。

一八七七（明治一〇）年に創刊し、一時休刊を経て一八八〇（明治一三）年に改題された『福岡日日新聞』は、本章で分析対象となる九州地方新聞の中で最も発行が早い新聞である。海外への出稼ぎについて触れた記事が散見されるなかで、「密航婦」と明示された一八九四（明治二七）年六月八日の記事をみてみたい。(25)

書くも《ママ》五月蝿き密航談は又また顕はれたり。誘導者は長崎市平民日雇稼小林原二郎（四十）と云ふ屈強の男にて、去四日清国上海に向け出港せんとする薩摩丸に臨検せし古田巡査部長が同船底を捜査するに、帆或は船具を入る、室内にある蓆はどーやら怪しき模様ゆえ、引明けて改むるに全く六人の醜業婦にて熊本県天草柴田トメ（二十）、同柴田タミ

（十九）、山口県林田アサノ（二十五）、福岡県斉藤ハツ（二十二）、広島県小林シヅエ、同松田マツ（十八）とて何れも寄り集まりものにて長崎には父兄も居らず水上警察にては知辺をきかし引渡しの手数中なりと。

（「薦包みの密航婦六人」『福岡日日新聞』明治二七年六月八日第四四〇四号）

ここで渡航幇助者は「誘導者」と記されており、記事の見出しにて「密航婦」、本文にて「醜業婦」と名辞された女性六名は、「誘導者」同様に氏名と年齢、出身地、さらには戸籍上の続柄が公開されている。本章では引用にあたり個人情報保護の処理をしているが[26]、この個人情報を微細に明かす報道形式は、（紙面によっては欠落箇所があるにせよ）基本的に他の二紙でも踏襲されていく。

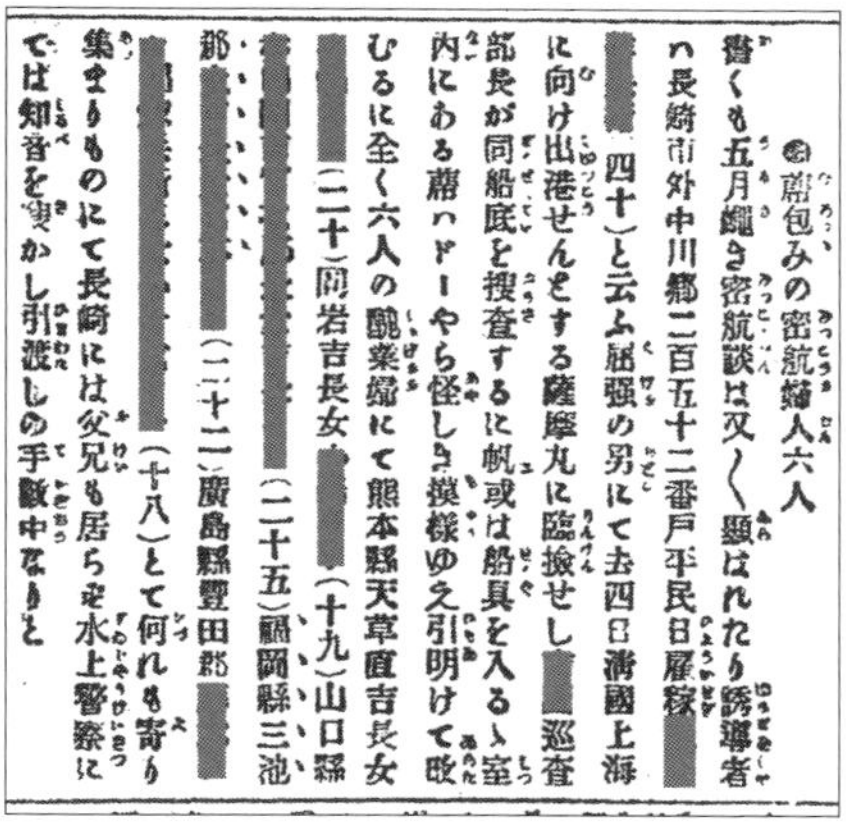
◎薦包《こもづゝ》みの密航婦人《みつこうふじん》六人
嘗《かつ》ても五月蠅き密航談《みつこうだん》は又々顕はれたり誘導者《ゆうどうしや》ハ長崎市外中川郷二百五十二番戸平民日雇稼[redacted]（四十）と云ふ屈強の男《をとこ》にて去四日清國上海に向け出港《しゆつこう》せんとする薩摩丸に臨検《りんけん》せし[redacted]巡査部長が同船底《せんてい》を捜査《さうさ》するに帆或は船具を入るゝ室内にある薦ハドーやら怪しき模様ゆえ引明けて改むるに全く六人の醜業婦《しうげうふ》にて熊本縣天草直吉長女[redacted]（二十）同岩吉長女[redacted]（十九）山口縣[redacted]（二十五）福岡縣三池郡[redacted]（二十二）廣島縣豊田郡[redacted]（十八）とて何れも寄り集まりものにて長崎には父兄も居らず水上警察にては知音《しるべ》を聞かし引渡《ひきわた》しの手數中なりと

「薦包みの密航婦六人」『福岡日日新聞』明治二七年六月八日第四四〇四号

引用記事によれば、「誘導者」は長崎出身の平民で日雇い稼業の男である。「密航婦」とされた六名は、熊本出身が二名、山口県が一名、福岡県が一名、広島県が二名と出身地は同一ではない。年齢も記載なしの一名を除けば、一八歳から二五明治二七年一二月には『門司新報』に「密航婦女捕はる」（『門司新報』明治二七年一二月七日）とのタイトルで九名の女性の名前が挙っている。乗組員からの密告で水上署がドイツ船内を探索した結果見つかったとある。だが、同じく「密航婦」という見出しを用いて以下のような記事もある。

又しても斯る不心得者の現はるは痛嘆の至りなり。博多水茶屋料理営業人小出イト、久留米新町二丁目芸妓井川アツ、同松本テル、水茶屋芸妓平山トミ（駒菊二十六年許可三月二十日廃業）、同清田シゲ（桃太郎二十八年一月許可三月廃業）、博多瓦町仲居業細田フク等の人々は長崎県下県郡大手橋町の料理屋松方米助なる者の勧めに依て、朝鮮仁川港に於て料理屋、芸妓、仲居等の営業を為さん為め、過般来門司港に出て密航を企て居たるを門司警察署の手にて取押へられ説諭の末放免されしが、尚懲りずまに去る二十一日博多より対州に渡り、夫れより仁川に密航せんと企てしを又々福岡警察署の手にて差押られ説諭の上其以前門司にて彼等の間に取結ばれたる金員貸借の約定（米次郎より二百円宛貸与の約束）は直に解約を命せられたり。

（「密航婦」『福岡日日新聞』明治二八年三月二七日第四六五八号）

長崎出身の松方米助という男と約定を交わした六名の女性たちが朝鮮仁川へ密航を試みたと

いう記事だが、彼女らはもともと博多や久留米で水茶屋料理店や芸妓などをしており（内二名は廃業済み）、朝鮮仁川でも同じく料理店や芸妓、仲居などの営業をする目的でもって密航を一度ならず二度までも試みたという内容である。この時期は海外における景気活況の報道が各方面で掲載されており、その海外景気にあやかろうとして「密航」が盛んだったのか、同様の記事は他でも散見される。女性たちを出入国規定の違反者としてのみ客体化する「密航婦」という表現には、彼女らが略取・誘拐の被害者なのか、それとも自身にある程度心積もりがあったうえでの決行者なのかの区別はまったく勘案されていない。

◉密航婦《みつかうふ》　又《また》しても斯《か》る不心得者《ふこゝろへもの》の現《あら》はるは痛《つう》嘆《たん》の至《いた》りなり博多《はかた》水茶屋《みづちやゝ》料理《れうり》營業人《えいげふにん》[redacted]久留《くる》米新町《めしんまち》二丁目《てふめ》藝妓《げいぎ》[redacted]同《どう》[redacted]水茶屋《みづちやゝ》藝妓《げいぎ》[redacted]（駒菊二十六年許可《きよか》三月二十日廢業《はいげふ》）同[redacted]（桃太郎二十八年一月許可《きよか》三月廢業《はいげふ》）博多瓦町仲居業《まちなかゐげふ》[redacted]等《とう》の人々《ひとびと》は長崎縣下縣郡大手橋町《はしまち》の料理屋《れうりや》[redacted]なる者《もの》の勸《すゝ》めに依《よつ》て朝鮮《てうせん》仁川港《じんせんかう》に於《おい》て料理屋《れうりや》、藝妓《げいぎ》、仲居《なかゐ》等《とう》の營業《えいげふ》を爲《な》さん爲《た》め過般來《くわはんらい》門司《もじ》港《かう》に出《い》て密航《みつかう》を企《くはだ》て居《ゐ》たるを門司《もじ》警察署《けいさつしよ》の手《て》にて取押《とりおさ》へられ説諭《せつゆ》の末放免《すゑはうめん》されしが尚《な》ほ懲《こ》りずまに去《さ》る二十一日博多《はかた》より對州《たいしう》に渡《わた》り夫《そ》れより仁川《じんせん》に密航《みつかう》せんと企《くはだ》てしを又々福岡警察《またまたふくをかけいさつ》署《しよ》の手《て》にて差押《さしおさへ》られ説諭《せつゆ》の上其以前《うへそのいぜん》門司《もじ》にて彼等《かれら》の間《あいだ》に取結《とりむす》ばれたる金員貸借《きんいんたいしやく》の約定《やくぜう》（米次郎より二百圓宛貸與《あてたいよ》の約束《やくそく》）は直《たゞ》に解約《かいやく》を命《めい》ぜられたり

「密航婦」『福岡日日新聞』明治二八年三月二七日第四六五八号

また、当時の渡航動機の背景には、台湾領有後における「婦人の大欠乏」があったことが他の記事から窺える。たとえば、上記引用の二日後の記事では「台湾自由渡航の許可」、「婦人の渡台に就て」、「台湾に公娼」、「婦女大明神」（『福岡日日新聞』明治二九年三月二九日）との各見出しが掲げられ、台湾でいかに「婦女」が必要とされているかが説かれている。次章でみる福沢諭吉が「人民

の移住と娼婦の出稼」(『時事新報』明治三〇年一月一八日)で娼婦の海外就業を奨励したのは、この翌年のことである。

上記のような引用事例の類型記事を分析対象の三紙より抽出し、そこで「密航婦」と呼ばれた者二六九名の出身地を調査すると、これまでの先行研究で明らかにされてきたように[27]、長崎からの出身者が最も多く一〇三名を占め、熊本が四三名と続く。ただし、人数的にはそれに及ばずとも出身地は西日本全域にわたっている。対照として渡航幇助者一一五名の出身地をみると、ここでも長崎出身者が四八名と多く、二番目は一三名の福岡、三番目は広島、熊本の六名である。とはいえ、「密航婦」と渡航幇助者の出身地はほぼ重なっている。

次に渡航幇助者の職業をみていくと、多岐にわたる職種業のなかで男性の上位を占めるのは海上に関わる職業である[28]。すでに一八九〇(明治二三)年には「此日本醜業者、即ち女郎屋の戸主なるものは悉く皆な九州長崎熊本辺のものにて、永く外国船の水夫に雇はれ或は漁業に従事せし無頼漢にして」(『郵便報知新聞』明治二三年一二月一四日)との言及がある。しかし、渡航幇助者に海上運輸に精通した職種に従事する者が多かったとしても、このような「無頼漢」が女性密航の全過程を単独で采配し、実行することは難しかったであろうことを想像するのは容易い。当時の新聞記事は渡航幇助者たちの巧妙な連携と分業の詳細を、以下のような報道の分際をこえた臨場感あふれる描写で記述している。

〔……〕誘拐者は長崎市平民大工職田岡安男（四十年）、仝平民船乗業鈴木五平、仝長崎市平民船乗業高岡茂一（二十八年）の三名にして、此れが共謀者は原籍愛媛県平民現今京都丸乗組員榎菊次（二十五年）なるものなるが、去月二十七八日頃安男は長崎市船大工町に於て片井忠兵衛に出会ひ、忠兵衛に向って婦人を香港に誘拐すれば莫大の収益あると聞けば、自分は石川キク、伊藤ヨシ、田森エイ、坂谷キンの四名を誘拐し居れり。依て門司まで同伴し呉れずやと咄嗟の間契約成りて、仝日長崎を発して午後十一時当地に着し停車場の横手に於て待受中なりし茂一と密会し、予て仝上の目的にて茂一が潜伏せしめ居たりし外六名の婦人と共に、三菱支店の海岸波止場より京都丸へ乗組ませしは、六日午前一時陸海往来の絶えたる頃にてありき、又た高岡茂一なるものは前記の片井忠兵衛と去月十四五日頃長崎市大徳寺境内の氷店にて、忠兵衛が依頼によりて報酬金百六十円の先方着受取の約束にて、六名の婦人を当地まで汽船送りの指示をなすことを承諾し、五日の夜長崎を発して午後七時着門乗船するも、余り早やければとて故らに市中を散歩し十時頃に至りて前記の箇所より乗船せしめたりと云ひしが、鈴木五平は亦神戸の在住を引払ひ、去る五日当地に上陸し停車場にて石川正三（四十年）なるものに逢ひ、正三が香港行きの密船企図に賛成し、此れ又た報酬を目的に二名の婦人を誘拐し、仝日午後七時仝し場所より乗船せしめたりしに、扨て本船にては此れを耳諾せしやと云ふに船長事務員は夢にも知らず、只だ水夫某にコールマスト榎菊次の所為にて無事香港着の上は日本旅館鶴屋（田中某）より六十円の報酬金を領受の約定にて、凡て此等十四名の男女は本船の暗室とも云ふべき道具部屋へ押し込み、食事の如きも菓子或は麺包の如きものを少量に供給し、古きドンゴロスの帆片を蔽はせ苦熱を忍び蠢々として動き居る所を四巡査の為めに差押へられ目下厳重に取調べ中なりしは〔……〕
（「十二名の密航婦と四名の誘拐者捕らはる」『門司新報』明治三二年七月九日第二二一四号）

見出しには「四名の誘拐者」とあり、首謀者は田岡安男、鈴木五平、高岡茂一の三名で共謀者が榎菊次の計四名と数えられているが、記事中にはさらに婦人二名を誘拐した石川正三という男と、汽船京都丸の水夫、さらには渡航目的地香港にある日本旅館関係者の名前もみられる。密航に関わる人物の職業はあまりに多彩であり、別件の記事には誘拐してきた女性たちを国外就航線乗船まで周囲に露見することなく宿泊待機させるために、門司港近くの旅館の番頭とその雇い人という肩書きをもつ幇助者もいた。

（4）渡航幇助者のジェンダーと役割

他方で注目するべきは三紙より抽出した渡航幇助者一一五名の内、女性が一七名数えられることである。女性の渡航幇助者に対しては、これまでさほど関心が払われてこなかった。だが、実際にからゆきさん本人の回想を繙けば、『からゆきさん　おキクの生涯』（二〇〇一年）や『あめゆきさんの歌――山田わかの数奇なる生涯』（一九七八年）のなかで、彼女たちに直接接触してきたのは女であったことが回想されている。たとえば、おキクに接触したおトミは、「三十路手前のなかなかの器量の、田舎には珍しく渋皮のむけた風情をたたえていた」と描写される女性であった。神戸で女中をすれば「それはそれは大きな金になるんだよ」との言葉に騙され、おキクはおトミと駅に向かう。駅では「三〇がらみの愛想のいい男」で「出雲出身の井川」なる者が待っていた。「このおトミのように、娘の沢山いる工場などを回って連れ出す女はそこここにいた。女ゆえの安心感を与えられるのだ[29]」と描かれている。また、山田わかに海外渡航を勧めたのも「「もう十五、六年も米国に居て確実に地位を固めた日本人成功者」の「夫人」と称する女性であり、その場所は横浜であった[30]」と、ここでも女性幇助者の姿が記述されている。

『からゆきさん　おキクの生涯』（二〇〇一年）

　森崎の『からゆきさん』には、すでに誘拐に関わる女性の姿が言及されている。一九〇二（明治三五）年から一九一二（明治四五）年までの『福岡日日新聞』を調査した森崎は、「門司の口入屋で密航周旋を専業にしているものには、女もすくなくない」と指摘し、「まことにしたたかで、女も歳食えば内面夜叉である。産婆が密航誘拐を専門にしていたり、下宿屋のおかみ、髪結い、お針の師匠、看護婦、酒屋、女工等々が、からゆきさんの手引きをして」おり、さらには、「からゆきさんあがりの誘拐者もいた」と述べられている。[31]

本書で取り扱っている資料は、森崎が調査した時期より以前の『福岡日日新聞』にあたっていることと、密航が長崎の口の津港、長崎港と福岡の門司港の三港で頻発していることに鑑み、密航記事収集にあたっては『門司新報』と『東洋日の出新聞』に比重を置いたために析出した女の渡航幇助者一七名のなかで、森崎が挙げたほどの多様な職種を数えることはできなかった。

また女性幇助者の多くの場合が、職業ではなく「～の女房」などのように男性戸籍主を中心とした続柄を付して報じられていたことも付け加えておきたい。女性の渡航幇助者がどのような立場で登場するのかを今後詳しく見ていくことにする。

女性幇助者の役割と評価

森崎が「密航周旋を専業にしているものには、女もすくなくない」と指摘する背景には、明治初期以降、女性も周旋業に深く携わっていた経緯がある。大がかりな密航には手を貸さずとも売春の斡旋を女性が承ることは日常であった。公娼以外での売春斡旋は密売淫として処罰の対象であったため犯罪として新聞記事になる場合もあり、明治一〇年代より「売淫の媒合」の咎を責められる者には女性名も散見される。[32] また、夫婦揃って名前が挙がることもしばしばある。[33] 当時の状況を考察すれば、女性が周旋業に着手したというよりも、遍在した周旋稼業にも例外なく女性が――夫婦という形式も――いたと捉えるべきであろう。次の引用は女性が周旋している記事である。

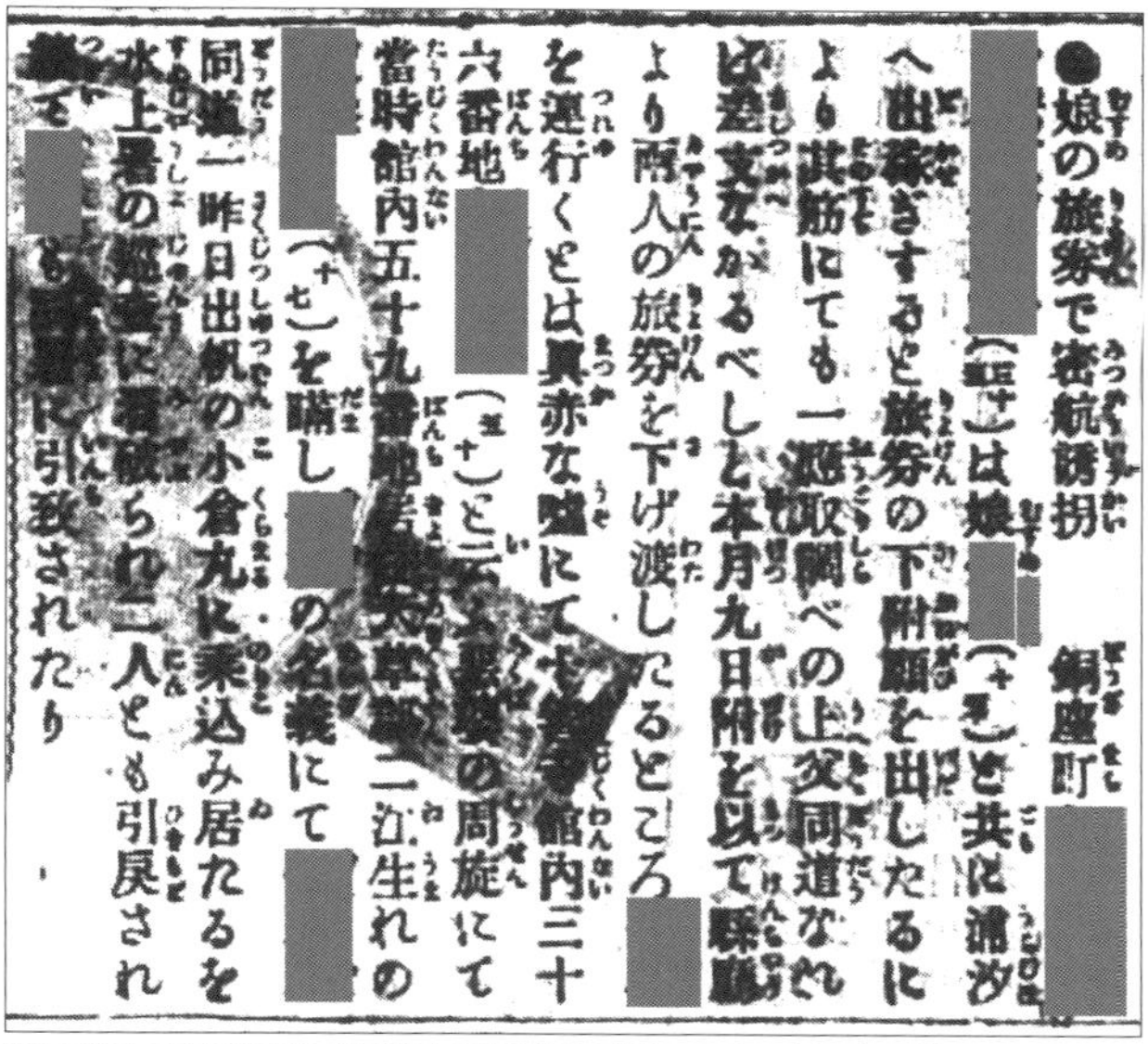
●娘の旅券で密航誘拐　銅座町[redacted]
[redacted]（三十五）は娘[redacted]（十五）と共に浦汐へ出稼ぎするとて旅券の下附願を出したるにより其筋にても一應取調べの上父同道なれば差支なかるべしと本月九日附を以て縣廳より兩人の旅券を下げ渡してるところ[redacted]を連行くとは眞赤な嘘にて十善寺館内三十六番地[redacted]（五十）と云ふ悪婆の周旋にて當時館内五十九番地居住天草郡二江生れの[redacted]（十七）を瞞し[redacted]の名義にて[redacted]同道一昨日出帆の小倉丸に乗込み居たるを水上署の警吏に看破られ二人とも引戻されて[redacted]も同署に引致されたり

「娘の旅券で密航誘拐」『東洋日の出新聞』明治三五年五月二九日第一二二号

銅座町村内菊次郎（三十五）は娘ミチ（十五）と共に浦汐へ出稼ぎすると旅券の下付願を出したるにより、其筋にても一応取調べの上父同道なれば差支なかるべしと本月九日付を以て県庁より両人の旅券を下げ渡したるところミチを連行くとは真赤な嘘にて十善寺石田マル（五十）と云ふ悪婆の周旋にて当時館内居住天草生れの島谷トシ（十七）を瞞しミチの名義にて菊次郎同道一昨日出帆の小倉丸に乗込み居たるを水上署の巡査に看破られ二人とも引戻され続てマルも同署に引致されたり。
（「娘の旅券で密航誘拐」『東洋日の出新聞』明治三五年五月二九日第一二二二号：傍点筆者）

女性の幇助者が密航誘拐のどの段階で、どのような役割で関わっていたかに着目すると二つの姿が見えてくる。つまり、上で引用したような「周旋の糸口」と第一節で触れたように引連れてきた娘たちを乗船出国させるまでの一時的な逗留場所の提供者だ。次に引用するのは、周旋と宿泊場提供の両役割を兼ねていた女性の事例である。

十善寺末次元治の女房マサ（六十四）と云ふ鬼婆はお念仏を唱へて寺詣りでもする年をしながら大浦椎木川近傍に居る氏名不詳の密航誘拐者と共謀し、十二日の午前十時頃同所日雇稼小川ハツの三女キミ（十七）、斉藤健吾郎の二女ミヤ（十七）を旨いことを言ふて騙し込み翌日鬼婆の宅に引張り込みて隠し置き氏名不詳の男が同道して門司より香港へ密航せんと一昨日停車場まで行きしを早くも佐久間巡査に看破され二人の女を取調べて居る中男は雲を霞と逃走したるがおマサ婆は直に長崎署の手にて捕縛したり。
（「密航婦又停車場で捕まる」『東洋日の出新聞』明治三五年三月一六日第六〇号：傍点筆者）

　また、宿泊提供者の女性の肩書きが「日雇稼業」となっている者もいる（『門司新報』明治三四年七月九日）。周旋業にしても宿泊提供者にしても先にみたように男性の幇助者と役割的には変わらず、そこに〈性〉が介在する余地はほとんどないといえる。

　他方で、森崎がいう「からゆきさんあがりの誘拐者」はその役割を異にする。まずは記事をみていきたい。『東洋日の出新聞』には、「白首上りらしき一人の仇者上海行として乗り込み居」るが、挙動不審とのことで水上署員に臨検されたところ、「此の女は諸所徘徊の末曖昧屋等に出入し遂に密航婦誘拐者の主謀者となり上海へ渡航する者なる事判明」したとある。この当時二四歳という若さであるが、一五歳の頃から上海へ渡航していたことが語られている（『東洋日の出新聞』明治四二年五月一六日：傍点筆者）。

●密航婦又停車場で捕まる　十善寺[redacted]の女房[redacted]（四十）と云ふ鬼婆はお念仏を唱へて寺詣りでもする年をしながら大浦椎木川近傍に居る氏名不詳の密航誘拐者と共謀し十二日の午前十時頃同所[redacted]日雇稼[redacted]の三女[redacted]（十七）[redacted]の二女[redacted]（十七）を旨いことを言ふて嘯し込み翌日鬼婆の宅に引張り込みて隠し置き氏名不詳の男が同道して門司より香港へ密航せんと一昨日停車場まで行きしを早くも佐久間巡査に看破され二人の女を取調べて居る中男は雲を霞と逃走したるがお[redacted]は直に長崎署の手にて捕縛したり

「密航婦又停車場で捕まる」『東洋日の出新聞』明治三五年三月一六日第六〇号

　『門司新報』の「からゆきさんあがりの誘拐者」に言及する記事は、以下のように解説する。

最初は青鬼赤鬼の為めに誘拐されたる密航婦が年期を終り自前となりて淫を鬻ぎなして貯へたる金銭もて綺羅珠翠の美を飾り、更に誘拐者と変化して外国に行けば真此の通りと春を元手に稼げることは不覚包み隠して詐りなき証拠に己が身の廻り扨ては汚らはしき金銭を見せ付け、又は無造作に浪費して贅沢を尽くし、誘拐する口車に世間慣れぬ妙齢の婦女子は争でか羨望せざるべき。

(「醜業婦のはなし(門司の輸出振り)」『門司新報』明治三三年三月一〇日第一三二一号:傍点筆者)

売られて行った渡航地で経済的な「成功」を成し遂げた女性たちが日本に戻り、容姿を華美に飾り立てることや郷里の家を新築するなどによって女子の羨望と渡航熱を煽ったことはこれまでにも言及されてきたことだが、[34]同性間の羨望を介在させる強い動機付けは渡航幇助行為のなかで、女性にしかできない重要な役割であったといえる。

さらに、女性の渡航幇助者をみていくと縁故勧誘の役割があることにも気付く。たとえば、夫婦でウラジオストックにて商売を営んでいた福岡出身の安野ケイ(二七歳)が父親の病気の報を受け取り福岡に帰った折に、「元懇意にせし佐山チヅ(二十三)、瀬川チヨ(二十)等尋ね来り。種々話しのうち両人はケイが昔に変る立派な姿を羨ましかり。己れ等の不仕合を打つにケイは心に一物、夫れは嘸かしお困りならん、幸ひ釜山と云ふ所は朝鮮一の港にて長崎にも劣らぬ繁華の地、夫れに金と云ったら湧く程あり乞食も金の椀を持ちて物貰ふ位ひなれば金儲けには究竟の土地、お前方の容貌にて下女奉公しても一月に十円や十五円はお茶の子だと誘のかされ、夫れでは是非連れて行ってお呉れ、承知しました」と首尾よく釜山まで行くが警官に取り調べられて、そこで「釜山に奉公さすとは偽り、実は浦潮へ密航さする筈なると発覚」してしまう（『門司新報』明治二八年七月三一日）。

ウラジオストックでケイがどのような職種を営んでいたのか詳細は不明であり、密航させた後に連れて行った二人を売春に従事させようとしていたかまでは判明しないが、女性の幇助者が密航に関わる場合、ケイのように個人的な交友関係が背景となるほかに、郷里の地縁が頼られる事例がみられる。以下の引用もその事例のひとつである。

誘拐者は大浦近傍なる東田善次郎の妻フク（三十八）と云ふものにて、彼が故郷なる天草の高浜より尋ね来りし姓不詳サト（二十一）、フサ（十九）の両人を騙し門司より浦塩へ輸出せんとしたること発覚し長崎署に引致されたり。

（「密航の遺り損ね」『東洋日の出新聞』明治三五年四月二三日第九〇号）

◎密航の遣り損ね　長崎では水上署の目が離らさぬ為か近頃は門司馬関等より密航を計る奴原多く一昨日も田舎から出の娘を連れ長崎停車場より門司行の汽車に乗らんと企てたる三十七八の女あり同所出張の巡査は彼が切符を買ふて鶴谷茶屋に這入るを早くも見て取り不審な奴と思ひ居る中警官に感づかれたりと悟りしか其切符を戻さんと一人の娘の出で来りしを取押へ何処に行くかと訊問せしに門司へ行くつもりなりしも急に行かぬ事になりたりと答へソレより最前切符を買ひし女を取押へて取調へると山口県の東瀬寺と云ふ寺に[illegible]に行くと云ひ如何にも曖昧なるより厳しく訊問すると誘拐者は大浦七楽園近傍なる[redacted]の妻[redacted](三十八)と云ふものにて彼が故郷なる天草の高浜より尋ね来りし姓不詳[redacted](二十)[redacted](十九)の両人を騙し門司より清国へ輸出せんとしたること発覚し長崎署に引致されたり

「密航の遣り損ね」『東洋日の出新聞』明治三五年四月二三日第九〇号

他にも佐賀出身の二人が、長崎に住む前田久作の妻ツユと同郷であったため、ツユが帰郷した折に「善き奉公口のあらば世話をして呉れよと頼」まれたのを引き受けて、前田夫婦と近所の大工と共に長崎の口之津港から長崎港まで船で渡り、さらには久作の姉がいる「大井手町の湯屋」に止宿して市中見物しているところを怪しまれて取り調べを受けたとの記事もある(『東洋日の出新聞』明治三五年四月二一日)。翌日に後日談の記事が掲載されたが、そこでは「前号に記載したる亜米利加近くの仏蘭西に行きますと云ふ坂部タマ(二十七)、及び松木フミ(二十六)を誘拐したる北高来郡雑貨小売商前田久作(三十九)、同村の大工鳥羽初蔵(三十)の両人」とあり、その行為は「誘拐」の言葉で括られている。しかし、同記事中には「初め浦塩行きを勧めたれども二人の女はフランスとかの

◎亜米利加近くの佛蘭西行き　一昨日の午後二時頃○○横馬場を迂路つき居る二人の女の素振りが如何にも怪しいので同所立番の巡査が呼止め訊問せしに佐賀縣佐賀郡北村[redacted]同村[redacted]の両人にて北高来郡湯江村姓不詳今朝一の女房[redacted]が同村の者なる故彼が帰村せし時善き奉公口のあらば世話をして呉れよと頼み置きしに十四五日前至急来れとの手紙に接し早速尋ね行きしところ亜米利加近くの佛蘭西とかに行けば二千や三千の金は直ぐ儲かる口があるから行かぬかと今朝一夫婦及び近所の大工に勧められ免状があれば心配するなど木に餅のなる様な話に騙され渡航するつもりにて口の津より船に乗りて當港に来り今朝一の姉なる大井手町の宿屋に止宿し市中の見物に出たところでムりますと逐一申立てたので其筋諫早警察署へ引致され目下関係者を取調べ中なりと

「亜米利加近くの仏蘭西行き」『東洋日の出新聞』明治三五年四月二日

◎佛蘭西行の誘拐者　前號に記載したる亜米利加近くの佛蘭西に行きますと云ふ[redacted]（二十）及び[redacted]（二十）を誘拐したる北高来郡湯江村[redacted]雑貨小商[redacted]（二十）同村の大工[redacted]（三十）の両人も女と共に市中を見物し歩るき居たるを同時に取押へられたるが[redacted]は長崎まで送り来り[redacted]が同行して連行く手筈にて同人は諸道行の旅券を下げ居り初め浦塩行きを勧めたれども二人の女はフランスとかの方が金になるだらうから其方へ連れ行つて呉れよと頼まれ遠い程余分の金になるだらうと考へ自分も佛蘭西行きを思ひ立ちましたが決して醜業する心算ではありません私は大工を働き二人の女は下女奉公をして金を儲める覚悟でござりますなど、体裁の宜いことを吐し居たり

「仏蘭西行きの誘拐者」『東洋日の出新聞』明治三五年四月三日

方が金になるそうだから其方へ連れ行って呉れよと頼まれ、遠い程余分の金になるだろうと考へ自分も仏蘭西行きを思ひ立ちました」などと大工の初蔵が警察の取り調べに対して答えている（『東洋日の出新聞』明治三五年四月三日）。

『東洋日の出新聞』は「体裁の宜いことを吐し居たり」と厳しいが、実際のところは不明である。この事例からは、同郷の縁故を頼って奉公口が依頼され周旋者が関与した事実と、今朝一の姉が勤める湯屋を乗船するまでの逗留先に用いるなど、家族ぐるみで渡航幇助があったことを確認できる。上の引用も含め、このように縁故の事例がみられるのは、女性の奉公口を探すには同郷出身の同性に頼む地域社会の傾向があったからだろう。

（5）女性幇助者への評価

このように、地方新聞に掲載された密航に関する記事を析出し、これまでほとんど省みられてこなかった渡航幇助者に焦点をあて個別具体的な事例を類型化したとき、男性幇助者と女性幇助者の役割の異同がみられた。直接の周旋や外国航路船出港までの逗留場所提供では男女ともに関わり、そこに性差が介在する余地はなかったが、他方で、自分の身をもって経済的に「成功」した実例とすることで渡航を促す役回りであったり、奉公口探しは同性に依頼するという習慣によって、女性という〈性〉が機能した役割があったことをみてきた。これらは個々に独立した属性ではなく、たとえば、「からゆきさんあがりの誘拐者」を縁故や知遇に持つ者もいたであろうことは想像に難くない。逆に、女性たちが〈出稼ぎ〉目的の渡航をする際のネットワークの端緒にこのような縁故関係が組み込まれていたからこそ、数多くの女性たちが海を渡っていったともいえるのである。

また、資料上の制約からここでは検討対象として扱えなかったが、外国人の渡航幇助者についても簡単に触れておきたい。当然のことながら、「人身取引」のネットワークは日本独自のものではなかった。イギリス帝国の性を主題に『セクシュアリティの帝国』を書いたロナルド・ハイアムによれば「国際的売春を担っていたのは、フランス人、イタリア人、中央ヨーロッパ（特にポーランド）出身のユダヤ人、そしていくらかのロシア人たちだった。とりわけ中国人、日本人が多かった[35]」とあるように、一九世紀の半ばの国際的売春は中国人や日本人が目立っていたが、欧州人にとっても身近なものだった。

実際、欧州の女性たちを「交易」する国際的な売春ネットワークが存在し、海上交通によって彼女たちは世界中へ移動した。「女たちを分配するための結節点になっていたのは、ブエノスアイレス、アレクサンドリア、コンスタンチノープル、香港、そして上海だった[36]」と、欧州女性たちの国際的な拡散がいかに広範囲なものであったかがわかる。一九〇二（明治三五）年の『福岡日日新聞』は、香港の状況を「醜業婦は日本のみが一手専売といふわけではない。例の広東ピーイはいはずもがな、亜米利加娘、独逸娘、仏蘭西娘、葡萄牙娘など、殆んど世界各国の醜業婦は居る」[37]と伝えている。こうした海上交通のネットワークに日本人女性たちは後から参入し、乗せられていったといえるのである。[38]

さて、女性渡航幇助者についてさらに踏み込んで検討すべき課題がある。しばしば海外日本人娼婦は男性に抑圧される女性として構図化されてきた。しかし、本章でみてきたように渡航幇助の側にも女性の姿はみられた。一見女性による女性の抑圧のようにみえる、この構図をどう捉えればいいのだろうか。森崎による『からゆきさん』でも、売買されてからゆきさんとなったおキミがやがて身請けされて娼楼を営み、娼妓を管理する側にまわることが聞き取りに基づいて書かれている。

だが、地方新聞に掲載された「密航」に関する記事を析出し、渡航幇助者の個別具体的な事例をとりまとめようとしたとき、幇助者が男性である場合と女性である場合とでは、記事の文言に温度差がある点に気づく。男性幇助者の（検挙）報道において、周旋者は単に報酬目的に女子を誘拐する人身売買の実行者として形式化されるが、女性周旋者の場合、上述した各事例のなかで、年齢に応じて実氏名が「悪婆」、「鬼婆」あるいは「仇者」との呼び名に置き換えられているように、周旋者と渡航者との関係は、金銭授受の範囲からはずれ、女性周旋者の行為が個々の人格へ概念化したうえで紙面に事件化しているのである。当時の新聞記事が道徳的要素をちらつかせて人身売買のネットワークに参入している女性を揶揄するのは、女性を売買するのは男性であり、女性たちの抑圧主体は男性であるという前提が暗黙の出発点になっているからに他ならない。だからこそ、女性渡航幇助者への評が男性幇助者に較べて辛辣なのである。

これは「からゆきさんあがりの誘拐者」の事例で挙げた記事においてとりわけ象徴的である。幇助者が男性の場合、渡航過程で授受される金銭とは、単純に物質化した「報酬」であった。しかし、女性幇助者――とくに元からゆきさんである女性幇助者が関係する事件の場合、金銭は「汚らはしき」道具と措定され、ひたすら渡航女性を騙すために利用されていく。

同時に金銭は「妙齢の婦女子は争でか羨望せざるべき」罪深き物品として、渡航未遂女性の純朴さと本性的な貞潔さをぎりぎりで弁護する材料としても再利用されるのである。女性間の金銭にまつわる要素は、ことごとく道徳化してしまい、もはや幇助者の報酬ですらない。「汚らはしき金銭」を中心に、金に目が眩んで騙される純朴な女性と、金を目眩ませに利用する道徳的に逸脱した女性が対置される渡航幇助関係は、一時的に抑圧的な構図をみせる。しかし、それは実のところ「最初は青鬼赤鬼の為めに誘拐されたる密航婦」だった幇助者自身の過去を別の密航婦に引き継ぎする契機に他ならず、彼女らはどこまでも受動的な主体として表象されている。言い換えるならば、当時の新聞記事が基盤とする家父長的言説においては皮肉にも、いかなる場合でも、女性は女性の抑圧者になりきれないことを露呈させているのである。

４節で女性渡航幇助者の例として挙げた、神戸で金になる働き口があるとおキクを騙して誘いだしたおトミのその後をみておきたい。

日本の廓で春を鬻いでいたこともあったおトミは、三〇に近い別嬪だったという。娘を日本から連れ出したら一人いくらで、親方から手数料をもらうわけだ。彼女も二〇番でいっしょに稼ぎをやっていたが、胸を患い、あまり客をとれないまま、二年後にクランの病院で息絶えた。(39)

引用文中の二〇番とはおキクが売られていった娼館の番号である。『おキクの生涯』を書いた大場は、「何百というからゆきさんの墓石や墓標を調べてきたが、平均二一・六歳で亡くなっている(40)」と記している。これは吉原の遊女の投げ込み寺として知られる浄閑寺の過去帳に載っている、約二〇〇〇〇人の遊女の死亡年齢とほぼ同じである。(41) こうした過酷な状況の中で、自身の境遇を「よりマシ」にするために、女性たちは日々自分を取り囲む網の目のような権力と交渉し、時にその権力を行使しただろうことは想像に難くない。(42)

註

(1) 長崎の清国人と丸山遊女たちの交流の歴史を描いた唐権は、「『唐人行』の遊女たちの多くは、『鎖国』時代から長く中国人のみを相手にしてきた。そのゆえに、彼女たちは民族差別の観念が薄く、時には中国人男性のことを『風俗あしく息くさき日本人とあふよりは、中々心やすくてよきよし』と思ったりした。日本人の海外渡航がいったん可能になると、彼女たちがいち早く海外へ飛び出したことは、むしろ自然のなりゆきといえよう」との見解を述べている。（唐権『海を越えた艶ごと――日中文化交流秘史』新曜社、二〇〇五年、一一二頁）。

（２）遼東半島南部にある港。日清戦争の際に日本軍が占領し、下関条約で旅順・大連を含む遼東半島は日本に割譲されたが、ロシア、フランス、ドイツの三国干渉によって清に返還された。その後、ロシアが一八九八年に旅順と大連を租借した。

（３）古賀十二郎『新訂 丸山遊女と唐紅毛人 後編』長崎文献社、一九九五年（増補再版）、二八四頁。

（４）長崎市役所編『長崎市史・風俗編下巻』清文堂出版、一九六七年、三頁。

（５）古賀、前掲書、一頁。

（６）古賀、前掲書、二頁。

（７）嘉本伊都子『国際結婚の誕生――〈文明国日本〉への道』新曜社、二〇〇一年、四〇頁。

（８）古賀、前掲書、四六頁。

（９）宋連玉「旅券記録に見る女性人口移動――帝国日本から植民地朝鮮へ」の註には、「一例をあげると『辰（一八六八年）四月一四日出立、同九月帰国上海外国人御連 丸山町 司 辰二二歳』これ以外にも同じようなケースで丸山町『遊女』が上海に数ヶ月の期間滞在している。欧米人に雇用されるケースは『東京麻布谷町 大和屋辰右衛門厄介 てい』『英人ヒョンスニ雇レ 上海行当県（長崎県）下萬屋町商 山賀国八 次女 国一八歳』『仏人アンリニ雇レ露国ウラジオストック行 石川県 山下シテ二一年八ヶ月』などが見られる。」（宋連玉「旅券記録に見る女性人口移動――帝国日本から植民地朝鮮へ」『世界の日本研究２００２――日本統治下の朝鮮：研究の現状と課題』国際日本文化研究センター、二〇〇三年、二二一頁)。
(10) 吉田常吉『唐人お吉――幕末外交秘史』中公新書、一九六六年、一二四―一二五頁。
(11) 竹下修子「日本人女性と外国人男性の関係の歴史――らしゃめんとオンリーの比較から」『歴史民俗学』一一号、一九九八年七月、一七九頁。
(12) 横浜市役所編『横浜市史稿風俗編』名著出版、一九七三年、三七五頁。
(13) 中里機庵『幕末開港綿羊娘情史』赤爐閣、一九三一年、一四八頁。
(14) 竹下、前掲論文、一八〇頁。
(15) 竹下、前掲論文、一八二―一八三頁。
(16) 中條直樹・宮崎千穂「ロシア人士官と稲佐のラシャメンとの〝結婚〟生活について」では「ロシア人士官と稲佐のラシャメンとの関係について、ロシア人側の観点を重視して〝結婚〟の語を、またその関係にあった者を指して〝夫〟(ロシア人士官)、〝妻〟(稲佐のラシャメン)の語を使用する」とあり、本書もそれに従った。(『言語文化論集』二三巻第一号、名古屋大学、二〇〇一年、一〇九頁)。
(17) 中條・宮崎、前掲論文、一二二頁。
(18) こうした関係は当時の旅券からも窺える。幕府は一八八六(慶応二)年の改税約書で「其筋より政府の印章を得れば修行又は商売する為め各外国に赴く事並に日本と親睦なる各外国の船中に於て諸般の職事を勤ること故障なし外国人雇い置く日本人海外へ出る時は開港場の奉行へ願出政府の印章を得ること妨げなし」と、在留外国人が日本で雇っていた奉公人を海外へ出国させることを認めていたが、洋妾たちは「上海外国人御連」などの名目による旅券で外国人の雇い人という形で渡航が認められていた。（外務省編纂『日本外交年表竝主要文書 上巻』原書房、一九六五年、三〇頁）。
(19) 宮岡謙二『娼婦 海外流浪記――もうひとつの明治』三一書房、一九六八年、一〇五頁。
(20) 唐権、前掲書、一五六頁。
(21) 読売新聞社メディア企画局データベース部編『讀賣新聞』［CD-ROM版］、一九九九―二〇〇二年。
(22) 明治ニュース事典編纂委員会編『明治ニュース事典 2』毎日コミュニケーションズ出版部、一九八三年、三二八頁。
(23) 唐権は、一八七八年前後から上海への出稼ぎ女性が急増した理由の一端に、西南戦争（一八七七年）によって零落した女性が急増した現象を関連づけている。上記引用の鹿児島士族の出願もそうした背景からかもしれない（唐権、前掲書、一五七頁）。
(24) 森崎、前掲書、九頁。
(25)『福岡日日新聞』の初期は欠落部分もあることを断っておく。
(26) 出稼ぎをしていた事実を明かされることは、地域によっては現在も当事者周辺に深刻な影響を及ぼす恐れがあるため、本稿において引用記事の姓名、続柄、住所、年齢など詳細な情報は必要に応じて伏せることとする。基本的に姓名を仮名にし、続柄は記載せず、住所は県（県名がない場合は市町村名）のみを記載する。なお、年齢はそのままである。
(27) 福田、前掲論文やミハロポロウス、前掲論文などを参照。

(28) 他には、古物商、旅館、第九、料理屋、口入屋、紡績公務係、雑貨商、炭坑小頭、理髪業、日雇稼業などがあり、女性幇助者の職種は、日雇稼業、祭文語り、湯屋、髪結いなどがある。しかし、大半は女房と記されている。
(29) 大場昇『からゆきさん おキクの生涯』明石書店、二〇〇一年、六〇頁。
(30) 山崎朋子『あめゆきさんの歌――山田わかの数奇なる生涯』文藝春秋、一九七八年、六〇頁。
(31) 森崎、前掲書、二九-三〇頁。
(32) 「売淫女のお灸」『福岡日日新聞』明治一九年一月二四日、第一八八七号など。
(33) 「又々密売淫」『門司新報』明治二六年一一月一五日第四四一号や、「密航誘拐者の監獄送り」『東洋日の出新聞』明治三五年五月一六日第一一〇号など。
(34) たとえば倉橋は「たとえ少数ではあっても、こういった成功者がたしかに存在した。そして、そのことはけっこう、大事な意味をもっていた。すなわち『唐降り』=からゆきさんの成功者は、同郷の年若い娘たちのあこがれの的になる」と書いている。(倉橋正直『からゆきさんの唄』共栄書房、一九九〇年、一九六頁)。
(35) ロナルド・ハイアム『セクシュアリティの帝国――近代イギリスの性と社会』本田毅彦訳、柏書房、一九九八年、一九七頁。
(36) ロナルド、前掲書、二〇四頁。
(37) 署名なし『福岡日日新聞』明治三五年四月二七日。
(38) 森崎は海上ネットワークの縄張りについても触れている。たとえば「アメリカやハワイやオーストラリアに行ったからゆきさんのおおくは、横浜や神戸からでている。からゆきさんを密航させた誘拐業者にはなわばりがあって、九州、山口関係のものは関東や越後などに手をだすことはできなかった。たとえば多田亀は門司港を根城に、九州や中国地方からおおぜい娘をつれだしたが、横浜や神戸からその地方の娘をアメリカ方面につれだすことはできなかったのである」としている。（森崎、前掲書、一〇一頁）。他にも横山源之助が「明治富豪史」で「香港と新嘉坡は、長崎より出で、浦鹽系統は敦賀より出ている。故に香港及び新嘉坡の二種を長崎系統とし、浦鹽を敦賀系統に分けている者もある。敦賀系統は広島岡山等中国の産多く、長崎系統は、十中八九迄は、天草の産である。で、敦賀系統は、時に或は女衒の誘拐に依って成っているが、長崎系統は、多くは自から進んで遠征の人となるので、天草の本拠に至れば、中国九州の農民が布哇移民に身を投じるいるが如く、香港又は新嘉坡に出づるを以て、出世の諸に就く者としている」と、記している（『明治記録文学集』筑摩書房、一九六七年、四二頁）。

(39) 大場、前掲書、九八–九九頁。

(40) 大場、前掲書、一〇〇–一〇一頁。

(41) 大場、前掲書、一〇一頁。

(42) これは「エイジェンシー」概念で説明できる。エイジェンシー概念とは、主体決定論ではなく、主体と主体が身を置く社会構造との力関係によって、その時々の判断が行われるとする理論概念である。これは今日、性労働を目的に国境を越えて移動してくる女性たちを考察する際にも使われる分析概念である。（青山薫『「セックスワーカー」とは誰か――移住・性労働・人身取引の構造と経験』大月書店、二〇〇七年）。

第3章

海外日本人娼婦と明治政府の対応

（1）困窮者への黙認——明治初期

第1章でみてきたように、奴隷制から農奴制へと移行する際に人身売買から年季奉公契約へと労働力の獲得が変化した。遊女屋など売春組織との契約は、他の年季奉公契約とは異なり人身売買的性格を色濃く残しながらも、本人同意の上であるという請け状（契約書）が交わされ、人身売買的要素は隠蔽されていた。

だが実のところ、公権力は娼妓たちが人身売買的待遇にいることをじゅうぶんに認識していた。刑法官判事の津田真道は、開国直後の一八六九（明治二）年に娼妓は奴隷的身分と変わらない存在であり、これから「開明」に向かう「皇国」には相応しくないとして、彼女らを「地獄売女」（私娼）にしてしまおうとする「人ヲ売買スルコトヲ禁スヘキ議」を建議した。津田による建議の真意とは、買売春を禁止・否定しようとすることでは決してなく、人身売買という封建的制度の社会的存続が国際社会における日本の不利益を生じかねないとして、年季契約を結ぶ娼妓を禁止し「地獄売女」に位置づけようとすることだった。津田の建議は西洋社会との比較から着想を得たものであった。つまり、西洋諸国で娼婦は身持ちの悪い女が他に生きていく術を見つけられずに、自分の意志でなるものであるが、日本では家長によって売られたり、略売されて女郎という苦渋の身分に自分を沈めている。娼妓という制度は単なる人身売買と変わらないので、西洋と同じように本人の自由意志による「地獄売女」にすべきというのだ。

津田の建議はこのとき採用されなかったが、後に出された公娼制度法令をみれば、明治新政府もまた津田が憂慮した人身売買的要素を払拭しようとしたことがわかる。ちなみに近代の公娼制度を基礎づけた法令は以下のとおりである。一八七一（明治四）年の民部省達、一八七二（明治五）年の大蔵省第一二七号布達、同年一〇月の太政官達第二九五号（娼妓解放令）と一八七三（明治六）年の東京府令第一四五号に定められた貸座敷渡世規則・娼妓規則、同年の改訂律令第二七六条の私娼取締条項、一八七六（明治九）年の太政官布告第一号と警視庁布達の売淫罰則がそれである。一連の法令が出された経緯についてはすでにいくつかの研究によって明らかにされているので[1]、ここでは簡潔に政策意図のみを抽出して近世からの連続性を確認したい。

津田真道

開国直後から維新政権内外では娼妓たちの処遇について大蔵省や司法省でも議論がなされていた。津田と同様に、司法卿の江藤新平や大蔵大輔井上馨も日本国内の娼妓奉公が人身売買同然であるという認識を共有していた。折しも一八七二（明治五）年六月に起きたペルー船マリア・ルス号事件[2]で、中国人苦力を「奴婢」同然であるから解放すべしとした日本側に対して、ペルー側が立てたイギリス人弁護士ディケンズによって日本にも古来より娼妓奉公という奴隷関係が存在しているではないかと指摘されたこともこの議論に影響を及ぼしていた。こうした背景のもと大蔵省や司法省で議論されていた娼妓の処遇は、太政官達第二九五号――通称「娼妓解放令」――によって遊女屋から完全解放という結論に至るのであった。

しかし、これまでと同様に、この太政官布告も人身売買の禁止が主眼であって、買売春の禁止が目的ではなかった。実際、東京府は「「娼妓解放令」を本人の意図にない人身売買、身売りの永年期の禁止と解釈し、本人の望みによる娼芸妓稼業は免許すると解釈[3]」し、大蔵省と相談の結果、「貸座敷渡世規則」、「娼妓規則」、「芸妓規則」(府達一四五号)を公布した。これは「市中場所を限り稼ぎをさせるが、牛馬のような使役はないようにする、場所は吉原(含根津)、品川、千住、板橋、新宿、それぞれ場所は境界をたてる、遊女屋は貸座敷に遊女は娼妓と改める、糊口を凌げず、頼る親戚がない窮民のみ娼妓渡世を許す、鑑札料は黴毒検査施設費用にあてる、芸妓は場所の制限をしない[4]」を方針とする内容であった。困窮している庶民であれば娼妓渡世も致し方ないとする方針は前節でみたように近世から連続する思想であった[5]。この東京府の方針は同様の方針を大阪府もとるなど全国に普及していくことになる[6]。さらに、外国への体裁を気にした明治新政府は、娼妓に関する営業管理や税収対策を国家ではなく府県に担当させることを決定した。これ以降、各地方行政による公娼統制と警察による私娼取締りが制度化されていくことになるのである。

（２）上海の雇用関係の変化と政府の対応――明治一〇年代

国際港を利用する欧米人によって海を渡る女性たちが増加したことは第2章で触れたとおりである。とりわけ上海は〈出稼ぎ〉の身近な選択肢となっていたが、上海領事館による日本人娼婦を取り締まろうとする動きが上海で報道されたことに対して明治政府がどのような対応をしたのか、ここでは確認したい。

この時期の上海の変化は唐権の著書に詳しい。「上海が三十年近くに及ぶ建設を経て近代都市としての基盤が次第に整えられるにつれて、そこに住んでいる多くの西洋人がこの頃から投機的な冒険者から定住者へと変わり、西洋人社会全体も安定した社会へと変容し始め[7]」、その結果として、青年男女の性別比例が初期のアンバランスな状態から脱し縮小したという。それは「金儲けの夢を抱いてやってきた女たちの前に、洋妾の需要がすでに少なくなっていたという厳しい現実があった[8]」ことを意味していた。もともと洋妾として渡航していた日本人女性たちであったが、上海における西洋人たちの在留性格の変化に伴い、日本人女性たちの商売の仕方も変化を余儀なくされていった。こうした現実を前に上海に出現したのが、東洋茶館であった。それはさながら「長崎の色街＝丸山遊郭まがいのもの」という様相であった。

この上海の日本人妓楼ともいえる東洋茶館の盛況によって日本人女性の出稼ぎ数が増加した

ため、開国後初めて海外の日本人娼婦が問題化され、明治政府はその対応に迫られることになる。上海の日本領事館が売春を生業とする日本人女性の増加を苦慮し、東洋茶館など日本妓楼を一掃しようと外務省に人手を要請し、長崎から上海へ到着した巡査四名が「売淫」取締りへの行動に出たのである。(9)この日本領事館による取締りの動きが上海発行の『字林滬報』に「論滬北東洋茶館宜商禁止之法」のタイトルで一八八五（明治一八）年五月一九日に載り、それを『郵便報知新聞』が「上海にある日本売淫女の評」と題して適訳したものを同月の二九日付で掲載した。記事は、東洋茶館を閉鎖することが肝要であるとした内容であったが、外務省はこの記事に素早い反応を見せる。掲載二日後に外務省長官の井上馨は上海領事館の安藤太郎領事宛に以下の通達をした。

本月十九日発兌字林滬報九百八十一号「論滬北東洋茶館宜商禁止ノ法」と題する一項は厭迄我居留人の売淫を罵言し延て貴官の不注意を誹謗するものに有之滬報の所信を置に足らずと雖も又幾分其実なしとも難保候右に付ては我報知新聞も去る二十九日を以て之を公にし亦外国新聞上訳出の義も有之不体裁至極に候其他売淫の義に付ては豫て屢々申進候次第も有之且つ夫れが為巡査も被派遣候程の義に付取締不相立候ては不相立義に有之処右等の不体裁外国人の歯牙に相懸り候様にては御国体に相関し不容易義に候間尚一層御注意有之充分取締相立候様致度右は該滬報既に御閲覧にて夫々取締方御計画有之候事とは存候へ共

此段念申進候也(10)

井上は、「不体裁至極」で「外国人の歯牙に相懸り候様にては御国体に相関し不容易儀に候」と、「御国体」にも関わる事柄であるからさらなる取締りをと要請したが、これに対する安藤領事の返信は、上海領事館の人手不足によって内規通達のような政府の取り締りは難しいのが現状であると訴えるものであった。

内規とは、一八八二（明治一五）年一一月に外務省から上海領事館へ「売淫罰則並売淫処分内規」として実行するよう通達されたもので、売春に対する処罰内容が明記されていた。この外務省の方針は上海だけでなく朝鮮でも同様であった。釜山、元山の場合は、一八八一（明治一四）年一二月に「貸座敷営業規則・芸妓営業規則」「黴毒検査規則」を釜山領事館布達第二一号と第二二号として、日本の公娼制度に準ずる規則をひとまず出したのだが、二年後に外務省より「我邦の体面」を理由に貸座敷を廃業し、新規開業も認めないと指示が出された。仁川と京城では、当初より「芸娼妓及貸座敷業禁止の事」（仁川領事館達）と「売淫取締規則」（京城領事館達）で娼妓営業の禁止が指示されている。これも同じく国家の体面を気にしての対応であった(11)。

井上馨

明治一〇年代までの日本政府の方針が、国家の体面を理由に海外での「売淫」に罰則を科し、取り締ろうとするものであったことはおさえておきたい。というのも、後述するように、明治二〇年代以降の明治政府の方針は一転するからである。

（3）撤回される「婦女保護法案」——明治二〇年代

明治二〇年代の明治政府の方針を検討するまえに、少し遡ってこの時代の娼婦に対する国際的な流れをまずみておきたい。第2章の外国人幇助者の部分で触れたとおり、国境を超えて〈出稼ぎ〉に出る女性たちはこの時代、日本人のみに限られた存在ではなかった。一九世紀後半から国際的な人身売買への関心が高まり、一八八九年には欧州各国によって「白人奴隷交易」を議題にロンドンで会議が開催されている。

この背景にあったのは英国での「社会浄化運動」である。フェミニズム思想に基づく廃娼運動である社会浄化運動は、一八六九年にジョセフィン・バトラーによって開始され、当初は伝染病法に反対する運動であった。しかし、娼婦や労働者といった貧困層への連帯をめざしていたこの運動も、いつしか初期のバトラーの思想を外れて連帯・共感の対象が母や妻と重なり、娼婦を抑圧、追放する方向へその内実を変質させていくことになる。[12] 著しい経済的格差を前提とする社会構造によって、主に労働者階級から娼婦になる女性が生み出されているといった事実は後景に退き、そもそも売春する人間には道徳や教育が欠如しているとして娼婦自身に責任が帰される状況がこの変質の背景にはあった[13]。英国国内の公娼制度は一八八六年に撤廃され、英領植民地の公娼制度のみが依然温存された[14]。

英国の社会浄化運動の流れは米国とも無縁ではなかった。欧州における社会浄化運動と呼応するかのように、米国でも娼婦排斥の気風が高まり、運動は移民排斥と結びつくことになる。当時、米国では既に中国人排斥問題が起こっていた。中国人労働者は低賃金で、大陸横断鉄道の建設や鉱山での労働など過酷な労働現場に投入され、米国経済の底辺を下支えした存在であった。

しかし、次第に低賃金に甘んじて働く大量の中国人労働者を白人労働者が競争相手とみなすようになり、かつ中国人移住者が集団でチャイナタウンを形成し、他のエスニシティに同化しないことなども問題視されると、白人労働者たちは中国人排斥運動を開始した[15]。「娼婦追放運動は移民排斥運動と密接に結びついて出発する[16]」と指摘されるように、中国人娼婦の存在が中国人排斥法の制定のための口実として利用され、ついに一八八二年に中国人排斥法が制定された。そして「同時に、この頃から渡来した日本人がアジア移民排斥の新たな対象[17]」になっていった。

明治二〇年代には米国の排日気風が日本でも各新聞紙上で報じられるようになってきた。当時、米国の桑港には続々と「醜業婦」と目される日本人女性が上陸していた。密航者も多かったため正確な数は不明だが北米だけでも四〇〇人以上の報告がされている。[18] 多くの記事は、排日気風の原因を日本人娼婦に帰す論であった。たとえば、一八九〇（明治二三）年の報知新聞の社説には「米国の婦人は日本の女子が同国に赴きて不正の業を営み、同国の気風を損するの恐あるを悪み、頃日日本女子拒絶論を唱る者起しに、忽ちにして上下の賛成を得、其勢すこぶる盛なるに及べりと云。前には隣邦清人の彼岸に拒絶せらるゝあり、今又此法に接せり、之を米人の無情に帰せんか、之を本邦人か自ら拓の罪とせん乎[19]」と書かれた。

こうした状況下で一八九一（明治二四）年二月二八日、明治政府は「外国に於ける日本婦女保護法案」を帝国議会に提出した。五ヶ条からなるその法案は、「売淫」をさせる目的でもって日本人女性を「勧誘」する国内外の斡旋業者、「売淫」の目的を持って海外に渡航しようとする日本人女性、その海外渡航を「幇助」する者を処罰の対象としたものである。だが、この法案は翌月の三月七日にあっけなく撤回されてしまう。撤回理由は明らかにされていないが、海外における日本人娼婦の問題が軽減されたからではなかった。というのも、同月末に青木外相は桑港領事の珍田捨巳から、日本人娼婦の増加が日本人排斥の口実となるので「醜業者」のさらなる取締りを、との訴えを受け取っているからである。[20]

しかし、こうした事態を等閑視するかのごとく翌年、外務大臣榎本武揚によって中国、朝鮮、香港、シンガポール、桑港、バンクーバ領事館宛てに内訓が出された。これらの地域はいずれも日本人娼婦の増加が問題化していた地域であった。内訓は以下のとおりである。

［海外での日本人娼婦への取締は――引用者］到底其姑息たるを免れずして之を数年間実験の成績に徴すとも其目的を達し得べからざるは明瞭に有之即ち向後は寧ろ之を寛にするも之を厳にするの方向は一転せざるを得ざる場合に立至りたりと云はざるを得ず（中略）益々我国民の勢力を海外伸暢するの大方針を執り候以上は些細の保護策に拘泥致し居り難きことは亦勢の然らしむる所なるに因り以来は我国の法律に抵触せざる以上は我国婦女の海外渡航取締方法亦自から寛ならざるを得ざる義に有之候(21)

榎本武揚

前節の上海の事例で確認したとおり、明治一〇年代まで日本政府は、欧米の目を意識し国家の体面を気遣うために、海外の日本人娼婦を罰則で取締まる意向であり、撤回された婦女保護法案も基本路線は同じであった。しかし、この内訓では「我国民の勢力を海外伸暢するの大方針を執」る以上は「些細の保護策に拘泥」することの困難ゆえに「我国婦女の海外渡航取締」には「寛」にならざるを得ない、との見解が打ち出されたのである。婦女保護法案が撤回された理由の一端がここで明らかになっている。

他方で、米国で日本人移民の排斥感情が高まる明治二〇年代は、日本で第一次恐慌がおこり人口過剰問題が活発に議論されていた時代でもあった。一八八七（明治二〇）年には南進論者として名高い志賀重昂が『南洋時事』を著し海外移民を奨励することで移住思想普及の先駆的役割を果たし、『東京経済雑誌』は明治二〇年代を通じて海外移住を奨励する活発な議論を展開していた[22]。

また、婦女保護法案が撤回された年の五月二九日に外務大臣に就任した榎本武揚は、外務省官房に移民課を設置し、海外移住に積極的に取り組んだ人物で知られている。また移民課設置の前月には、板垣退助、星亨らが発起人となり「海外移住同志会」を設立しているが、設立趣意書[23]を掲載した大阪朝日新聞によれば、海外移住同志会の計画を発起人らが榎本に問い合わせところ、「今日移住の我国に必要なるはいふまでもなければ（中略）政府は必ず之を保護することを怠たらざるべし[24]」と答えたという。

このように海外移住政策に積極的だった榎本武揚の名のもとに内訓は出され、さっそく実行された。同年一〇月に在豪日本人有志らによって「日本の在外醜業婦取締」を衆議院へ建白し外相陸奥宗光へ請願するという動きがあった際に、陸奥は「日本の法律に違反せざる間は厳重な処分をせず」と回答している[25]。だが考えてみるに、「我国民の勢力を海外伸暢する」ことと「我国婦女の海外渡航取締」を「厳」にすることは容易に両立しうるはずではないだろうか。

ここで、政府の意図を一八九六（明治二九）年に出された移民保護法と合わせて考えてみたい。というのも、移民保護法は「醜業」を為す者や、または「醜業」業者の海外渡航を禁じる内容を盛り込んでいたが、清国と朝鮮を適用除外としていたからである。適用除外を設ける背景には占領地への公娼制度の移植があった。移民保護法が出された時期とは、日清戦争に勝利した日本が台湾を領有し、事実上朝鮮を「保護国」とした後である。対外膨張を政策の中心に据えていく日本は、上海や朝鮮、台湾へと、それまで日本人娼婦に取締りでもって臨んでいた地に次々と国内の公娼制度に準ずる法令・規則を公布、整備していく方向へと舵を切ったのである。移民保護法は日本国内から娼婦を移動させる上で便宜を図る内容であった。ここに婦女保護法案撤回から一貫した日本政府の意図を看取できよう。すなわち、対外膨張には日本人女性による性的慰安が必要であるとの認識である。

明治一〇年代の日本は国家の体面を気にして国内の公娼制度は維持しながらも、海外にいる日本人娼婦たちは罰則を定めて取り締まろうとしていた。しかし、勢力膨張を対外政策の中心に据えた明治政府は、日本人男性のための日本人女性の「供給」と管理を優先し、「醜業を為す者」を取り締まるはずの移民保護法に朝鮮と清国への適用除外を盛り込み、次々と植民地や占領地に国内の公娼制度に準じた法令を整備していった。海外の植民地公娼制度に入る女性の招致を優先するために適用除外を設けた移民保護方法は、一方で「外国人の歯牙に相懸り」という認識をもちながら、植民地公娼制度が及ばない国や地域の女性たちの「保護」を切り捨てたに等しい措置であったことを意味していた。

註

(1) 大日方純夫『近代日本国家の成立と警察』校倉書房、一九九二年、早川紀代『近代天皇制国家とジェンダー——成立期のひとつのロジック』青木書店、一九九八年などに詳しい。

(2) マリア・ルス号事件とは、一八七二(明治五)年六月四日、ペルー国籍の帆船マリア・ルス号がマカオを発ってペルーへ向かう途中暴風雨にあって横浜に緊急避難した際に、同船に乗船していた清国人の苦力(単純労働者)の一人が虐待に耐えられず船を脱出して助けを求めたことが発端となった。彼らは奴隷としてマカオで買われ、船内で虐待を受けていたことが発覚し、イギリスの提言もあって日本はこの事件の調査、審議をすることになった。その審議過程で日本の遊女契約が問題となった。

(3) 早川、前掲書、一九七頁。

(4) 早川、前掲書、二〇一頁。

(5) 一八七一(明治四)年から始まった一連の売春取締り制度を検討した藤目ゆきは、あらたに再編された公娼制度を「近代公娼制度」とよび、その特質を二点挙げている。第一が「強制性病検診制度」であり、第二は「人身売買否定の名目にたって、娼妓の自由意志による『賤業』を国家が救貧のためにとくに許容するという欺瞞的偽善的なコンセプト」である。第一の点に関しては異論はないが、第二の点については、これまで確認してきたように、近世の公権力も人身売買的要素を払拭するために遊女や飯盛女といった売女組織との契約に年季奉公契約を導入し、建前ながらも請け状には本人合意の上といった内容を盛り込むように腐心していた。さらに、享保期の『御定書』では「飢渇之者」が「渡世」するためならば売春も致し方ないとする「救貧」方針もみてきたとおりである。藤目は明治以降に再編された公娼制度を「前近代の公娼制度とは異質であった」として先ほど挙げた二つの特質を挙げるのだが、後者に関しては、買売春制度とそこへの女性の「供給」に関する対応は前近代から連続性をもっていたとみなすことができるだろう。（藤目ゆき『性の歴史学——公娼制度・堕胎罪体制から売春防止法・優生保護法体制へ』不二出版、一九九九年、九〇-九一頁参照）。

（6）ちなみに、埼玉県は二九五号達を娼妓制度の廃止と理解して廃娼をおこなっていたが、一八七六（明治九）年に遊郭をもつ深谷県との合併に伴い復活した。岐阜県、鹿児島県は一八八八（明治二一）年まで、和歌山県は一九〇六（明治三九）年まで公娼制を施行しなかった。（早川、前掲書、二〇二頁参照）。

（7）唐権、前掲書、一五八頁。

（8）唐権、前掲書、一五八頁。

（9）しかし安藤領事による四人の巡査とともに行った取り締まりは、結局のところ「これら娼売女をいたずらにあちこちへ分散、いや進出させ、なんのことはない、結果としては女衒の市場を拡げてやることにすっかり役立たせてしまっただけのこと」と、女性たちの拡散を招いたことを指摘するものもある（宮岡、前掲書、一〇八頁）。

（10）「明治十八年六月一日附井上外務卿発信上海安藤領事宛通達」『外務省警察史　支那ノ部　在上海領事館』二〇四七三-二〇四七四頁。

（11）藤永壮「植民地公娼制度と日本軍「慰安婦」制度」『植民地と戦争責任【戦争・暴力と女性3】』吉川弘文館、二〇〇五年、二一〇-二一一頁。

(12)藤目、前掲書、六〇–六五頁参照。
(13)キャスリン・バリー『性の植民地——女性の性は奪われている』田中和子訳、時事通信社、一九八四年、四〇頁。
(14)ロナルド・ハイアム、前掲書、二〇六–二〇八頁。
(15)当時サンフランシスコに在勤していた日本領事藤田敏郎によると、「桑港等にては労働者毎夜の如く、支那人退去すべしとの旗幟を建て、楽隊を先頭に行列をなし、重なる四辻に停り、大道演説を行ひ、又政治家及労働協会等の会合に於ては支那人排斥は人道上、道徳上、経済上、政治上極めて必要なるを論議し世論を動かしたり」とある。当時の状況の厳しさが伺い知れる描写である。(藤田敏郎「海外在勤四半世紀の回顧」(一九三一年)『日系移民資料編 第Ⅱ期 南米編第2回』第一七巻、日本図書センター、一九九九年、二〇六頁)。
(16)藤目、前掲書、七〇頁。
(17)藤目、前掲書、七一頁。
(18)各領事館報告によっても人数は曖昧である。たとえば、桑港領事だった藤田は一八八九–一八九〇年頃の「醜業者」は八〇余人としているが、珍田は一八九一年三月には五〇人だと報告している。(前者は『在勤四半世紀の回顧』三三頁、後者は『日本外交文書』四六二頁参照)。上の数字は桑港以外にもシアトルやスポーケン、ポートランド、ワシントン州、オレゴンなど各地域の報告を足したものであるが、決して正確な数字ではない。他に、一八九五年のシアトルには六〇〇人もの娼婦がいたとの記述もある(竹内幸次郎『米国北西部日本移民史』大北日報社、一九二九年、三三頁)。
(19)『婦人新報』一八九〇年九月二〇日。

(20)「桑港に於ける醜業者に関する報告の件」［一八九一年三月一〇日桑港在勤珍田領事より青木外務大臣宛］『日本外交文書』第二四巻、外務省編纂、一九五二年、四六二頁。
(21)「明治廿五年三月二十三日附榎本外務大臣発信在清国、朝鮮、香港、シンガポール、桑港、バンクーバ各領事館宛内訓」『外務省警察史 支那ノ部 在上海総領事館』不二出版、一九九六年、二〇四八七頁。
(22) 若槻泰雄『排日の歴史――アメリカにおける日本人移民』中公新書、一九七二年、四八‐四九頁。
(23) 設立趣意書には「今やわが国は人口処分の大問題に上れり。けだし、限りある国土の面積をもって限りなき人口の繁殖を致す。一国経済の上、政治上、困弊到らざることを欲すといえども、あにそれ得べけんや」と海外移住の必要性が説かれていた。（若槻、前掲書、五〇頁）。
(24) 佐々木敏二「榎本武揚の移民奨励策とそれを支えた人脈」『キリスト教社会問題研究』第三七号、一九八九年三月、五三八頁。
(25) 丸岡秀子・山口美代子編『日本婦人問題資料集成 近代日本婦人問題年表』第十巻、ドメス出版、一九八〇年、四四頁。

第4章

「芸娼妓」をめぐる言説と、海外膨張政策への呼応

（1）存娼派の芸娼妓への処遇――福沢諭吉と『時事新報』の場合

国際的な人身売買取り締まりの流れのなかで、英国のように本国の公娼制度は廃止しつつも植民地の公娼制度を維持する事例や、米国のように外国人娼婦を移民排斥の理由として利用する事例などに触れたが、では日本国内ではどのような動きがあったのか。第1章でみてきたように、そもそも開国以前から日本は公権力による集娼制としての買売春制度を持っていた。その伝統的な公娼制度は、開国以降に欧米の公娼制度＝管理買売春制度を留学の過程で見聞し、学んできた役人や知識人たちによって、遊郭を貸座敷へと名称を変更し、自らの意志によって売春を望む女性に座敷を「貸すだけ」という業者への大義名分を与え、人身売買的要素を払拭しようとしたことは第3章で確認したとおりである。

そのうえで明治政府が目指したものは、女性に検黴を義務づけ、鑑札を与え、賦金を徴収するといった、女性の身体を管理する近代的な公娼制度であった。当然管理下に入らない私娼は厳しく取り締まられることになる。公娼制度そのものを禁止する方向に向かわなかったのは、公娼制度が社会にとって必要だとの認識があったからであった。

さて、文明開化に向かう社会にとって公娼制度を必要だとしながらも、そこで働く娼妓の価値を貶める論を展開したことで有名なのは福沢諭吉である。福沢は一八八三（明治一六）年に自らが創刊した『時事新報』で「欧米諸国にても売淫甚だ盛ん」だが、そこでの「売淫女なるものは大概ね毒婦奸女」であり、これに比して「日本の娼妓は道徳上美事をなすべき心根にて其身を鬻ぎたる婦女子より成立つもの」だから「実に雲泥の相違」であるとする。しかし、娼妓を「孝女」とするのは「社会の弊風」であり、「若し我国にても到底青楼遊郭を存して娼妓を許す限りは、其娼妓は悉皆無頼放恣の婦女を以て之を組織するの覚悟」が必要であり、「世人をして売淫は仮令ひ孝道の為にするも甚だ賎むべき者なりとの感覚を起」さなければならないとした(1)。

さらにこの二年後、福沢は「品行論」を『時事新報』に連載する。それは、娼妓に依頼して社会の秩序を維持すべきであるという公娼制度必要論でありながら、そこで働く女性たちを

福沢諭吉

「銭を以て情を売るの芸娼妓たるが如きは、人類の最下等にして人間社会以外の業」であると、「売淫婦人（prostitute）」「売淫婦」と呼んで、差別・排斥するよう呼びかけるものだった(2)。福沢の意図は、「我輩は日本の売淫婦の地位をして西洋の同業者と一様にならしめんことを冀望する者なり」と欧米の娼婦並みに日本の芸娼妓の価値を引き下げることにあった(3)。これは、欧米の娼婦への認識・待遇に倣おうと明治二年に津田

が建議した内容と部分的には共通する。ただし、「地獄売女」として公娼制度を廃止して私娼にせよとした津田と異なり、福沢はあくまで芸娼妓の価値を貶め排斥しながらも、後述のように、公娼制度は「社会の安寧を保つ」ために必要であるとした。

家のために娘や妻を身売りすることを厭わない家長やそれを許容する社会に対して批判の矢を向けるのではなく、あくまで売られた婦女子を「孝女」とみなすことは「社会の弊風」であり、また女性を買う男性を批判することなく、「銭を以て情を売る」女性たちは「人類の最下等にして人間社会以外の業」であると、芸娼妓となった責任全てを女性に帰すこうした福沢の行為は、「芸娼妓を見る人々の視線（憐憫と賞賛）を、西洋でProstituteを見る視線（蔑視と排除）に置き換えようとした[4]」ものであった。

福沢のこうした苛烈な芸娼妓非難は「文明「婦人」の擁護者・先導者を自負した」ことに起因していた。これは明治一六年末開幕の鹿鳴館時代に露になった「少なからぬ「貴婦人」が芸者出身（ないしはその疑い）であることへの、痛烈な批判[5]」でもあったという。日本では社交は芸娼妓の受け持ちであったが、文明国からみれば、「唾棄すべきこと、笑止千万であった。そこは『レディ』の居るべき場所だったのである[6]」。

言い換えれば、日本では婦人（貴婦人・レディ）と芸娼妓は連続したものであり、欧米社会に比べてそれをあやしむ風潮に乏しかったため、福沢は芸娼妓を「人間社会以外の業」に落とし込むことで連続性を断ち切ることに腐心したといえる。これは逆説的に、当時の社会における芸娼妓へのまなざしと社会的な立場を物語ってもいる。庶民にとってあまりにも身近であった芸娼妓となる道と売春への差別的意識の希薄さがあったからこそ、福沢は繰り返し芸娼妓へのネガティブ・キャンペーンを主張せねばならなかったのである。

（２）存娼派と海外膨張論の結びつき

前章で確認した日本の海外膨張を奨励する気風は政策レベルのみではなく社会一般にも広く浸透していた。そうした中で海外日本人娼婦に対する存娼派と廃娼派の言説はどのようなものだったか。まず、移民保護法と同年に出されたあまりにも有名な福沢諭吉の「人民の移住と娼婦の出稼ぎ」をみてみよう。少々長いが以下に引用したい。

人間社会には娼婦の欠く可らざるは衛生上に酒、煙草の有害を唱へながら之を廃するを能はざると同様にして経世の眼を以てすれば、寧ろ其必要を認めざるを得ず。（中略）抑も我輩が殊更らに此問題を論ずる所以のものは、外ならず人民の海外移植を奨励するに就て特に娼婦外出の必要なるを認めたればなり。移住民たるものは、成る可く夫婦同行して家居団欒の快楽を其儘外に移して新地に安んずること、猶ほ故郷に居ると同様ならしめんこそ最も望む所なれども、多数の移住民必ずしも妻帯のもの丶みに限らず。否な最初の間は不知案内の海外に行くこと、て、移住の希望者は差当り係累のなき独身者に多きのみか、或は妻帯のものとても先づ一人にて移住したる上、国より妻子を呼寄せんとするものもあらんなれば、移植地の人口は男子に割合して女子に乏しきを訴へざるを得ず。人口繁殖の内地に於てさへ娼婦の必要は何人も認むる所なるに、況して新開地の事情に於てはますます其必要を感ぜざるを得ず。往年徳川政府の時に香港駐在の英国官吏より、日本婦人の出稼を請求し来りしことあり。其理由は同地には多数の兵士屯在すれども婦人に乏しきが故に、何分にも人気荒くして喧嘩争論のみを事とし、制御に困難なれば日本より娼婦を輸入して兵士の人気を和らげたしと云ふに在りき。又浦鹽斯徳などにても同様の理由を以て、頻りに日本婦人の出稼を希望し、適またま出稼のものあれば大に歓迎して政府の筋より保護さへ與ふるやの談を聞きたることあり。海外の移植地に娼婦の必要なるは、右の事実に徴するも甚だ明白にして、婦人の出稼は人民の移住と是非とも相伴ふ可きものなれば、寧ろ公然許可することそ得策なれ。

日本人男性が海外に移住するためには娼婦が必要だから許可するべきと述べられている。その根拠として、徳川時代に香港に駐在していた英国官吏から、「日本より娼婦を輸入して兵士の人気を和らげたし」と日本人娼婦の派遣を求められたことを挙げている。(7) 福沢の主張と同様の記事が一八九六（明治二九）年四月二日の『門司新報』にもみられる。台湾兵站監の任に着いていた陸軍少将の比志嶋義輝は、台湾に長く日本人男性を落ち着かせるためには公娼制度が必要であると主張する。「今日の渡航者が悉く腰掛的なるは種々の原因あるべけれども、台湾に内地婦女のあらざる如き、その一ならん。（中略）故に台湾に公娼を設け、密売淫を防ぎ、検黴の法を厳にし、黴毒の蔓延を防ぐは衛生上よりするも緊要のことなるべし[8]」。

福沢の娼婦必要論の根拠に、英国から「兵士の人気を和ら」るために日本人娼婦を要請された歴史が挙げられ、比志嶋の主張では衛生上公娼制度が必要であるとする両者の意見は、女性の管理された身体を日本人男性に「供給」しようとする思考を読み取ることができる。しかも、この主張は常に海外膨張論と抱き合わせであった。政府の方針と存娼派の主張はほぼ重なり合っていた。対外膨張をなすうえで移住していく日本人男性には、衛生的にも身体的にも管理された娼婦が必要であるとの認識を共有していたのである。それは後の軍隊「慰安婦」制度の萌芽ともいえる思考であった。

（3）廃娼派の芸娼妓へのまなざし——日本キリスト教婦人矯風会

さて、公娼制度を必要悪だとして存娼派に連なった福沢とは反対に、廃娼運動に邁進したのはキリスト教関係者であった。その中でも一八八六（明治一九）年に設立された東京基督教婦人矯風会（一八九三年に日本キリスト教婦人矯風会に改組。以後、矯風会と記す）は、最も早い時期に組織され、現在に至るまで長い歴史を有することでも有名な日本の婦人団体である。福沢の「品行論」が連載された翌年の一八八六（明治一九）年に矢嶋楫子を会頭として設立された同会は、元を辿れば米国で教会婦人が禁酒を求めた運動が原点であったが、日本における矯風会の活動は、さらに幅広く女性解放運動としての色が強いものであった[9]。

だが、矯風会の廃娼運動は図らずも芸娼妓蔑視観の存娼派である福沢と足並みを揃えてしまうことになる。矯風会が活動初期より取り組んでいたのは「一夫一婦の請願」と「在外売淫婦取締法制定に関する請願」であったが、帝国議会に提出された「在外売淫婦」を取り締るための請願内容は以下のとおりであった。

今や日本の汚辱なる密航売淫婦は、太平洋の沿岸に遍く朝鮮支那上海港より新嘉坡南洋諸島、果ては北米の諸州に及び候状態言ふに忍びざるものありと承り及候。中には無知朦昧なるものの唯利是貪るより誘拐者の黠策に陥り、前非を悔ひて帰国せんと欲するも遂に能はざるもの往々之ありと申候、実に彼等にとりては愍然の次第、国にとりては之に過ぎたる不面目なしと存候。（中略）抑も亦強兵富国東洋に覇として、更に大義を四海に布かんとする日本帝国にとりては、永く国旗の汚とも相成可申候[10]。

請願書中には「密航売淫婦」は「無知朦昧」なために「利」を求めて誘拐者の手に陥った日

本の「汚辱」であり、「日本帝国」にとって「国旗の汚」であると捉えられている。矯風会にとって「在外売淫婦取締請願」運動は日本帝国の体面のために海外の日本人娼婦の取り締まりを求めたものであって、海外にいる日本人娼婦に寄り添おうとしたものでは決してなかった。

運動の端緒より取り組んだ一夫一婦制や廃娼に象徴されるように、矯風会が終始一貫して日本社会に普及すべきと掲げたものは「清潔の交際」を基本とする性道徳観念に他ならない。妻や母として地位が低い女性の解放を目指す上で、まずもって「障害」と目されたのは「女流の地位を卑しうすべきたわれ女の類」であり、「女子にして男子を陥れんと」する男性を誘惑する女性であった。欧米の社会浄化運動の変節を鑑みても、しばしば女性解放運動を担う人々は母や妻への共感・連帯を示す。矯風会にしても、母や妻としての立場からそれに相対する夫や息子との「健全な関係」構築を志向するのであれば、家を破壊すると目される「妾娼」は、「女流の地位を卑しうすべきたわれ女」としてしか位置づけられないのは必至であった(11)。

矢嶋楫子

しかし、ここでより注目すべき点は、「妾娼の全廃」を主張した矯風会が、一夫一婦制と併せて請願したものが「在外売淫婦」であったことだ。活動時期を降ると国内の公娼制度も視野に入ってくるが、当初、「娼」として名指しされたものが海外の日本人娼婦であったことは示唆的である。矯風会が海外の日本人娼婦に当初抱いた印象は以下の引用によく表れている。

我等の聞て実に慷概に堪へざる彼の密航婦の渡航するもの、近来警察の厳なるにもかかわらず、益々その妙手段を極め、奇計を盡してその目を逃れ、或は家婦の名を借り、或は外妾の名義を偽り、又は奉公人女学生と称して巧みに法網を逃れ、我国家の恥を喜んで外人に安売りするものにあらずや。(12)

矯風会の批判には、海外における日本人娼婦がみずから外国へ売春をするために渡航する(ようにみえる)ことに対する苛立ちが滲み出ている。日本人娼婦は「巧みに法網を逃れ」て、その自らの「性」を自由に「外人に安売り」していると矯風会は捉えたのである。矯風会が求める理想の夫婦形態とは、性行為が夫婦という閉じられた関係の中だけで需給する形であった。夫が妾や娼妓といった妻以外での性的な満足を得ることは、畢竟「一家」の中における妻の位置が軽んじられることになる。しかも女性の「性」とは、決して金で売買できるものでなく、唯一無二のものでなければならなかった。だが、伝えられる海外での日本人娼婦の姿は、売春をすることに対する道徳的観念の希薄さを窺わせるものであり、矯風会が理想とする閉じられた関係における「性」のあり方に抵触するものであった。

もちろん売春を生業とすることは、国内の公娼制度に囲い込まれた娼妓にも当てはまる。だが矯風会にとって、身売りによって親に売られた女性はまだ救済されるべき存在でありえた。人身売買は「陋習」として矯風会が批判の矢を向ける風習であり、さらに、国内の公娼制度の悲惨な状況や待遇は一般にも認識が広がっており、その籠の鳥に対して「下等賤劣の婦女子」[13]と批判することはさすがの矯風会にとっても難しかったであろう。一方、海外で売春をする女性たちは、経済的営為のためにみずから売春することを厭わず海外へ渡航する（ようにみえる）女性として矯風会には映った。つまり矯風会は、伝えられる海外の日本人娼婦に関する情報から出稼ぎ的側面を過敏に受け取り、またその側面を積極的に押し出すことで批判をしたのである。

欧米の性道徳を取り込んで芸娼妓を「醜業婦」と呼んで憚らなかった矯風会の主張では、国内の公娼に比べて海外へ出稼ぎに出るようにみえる女性たちへの批判がより辛辣であった。しかし、これまでにも論じてきたように、海外で日本人娼婦となった女性たちの〈出稼ぎ〉の始点は身売り的側面と出稼ぎ的側面の両方を併せもったものであった。矯風会が長く続く中で、〈出稼ぎ〉女性は騙されて連れ出された「無知な」女性たちだと目された時期もあり、能動的あるいは受動的な側面のどちらか一方がその時々によって強調されるなど、評価は一貫したものではなかったが、それはそもそも〈出稼ぎ〉のプロセスにどちらの要素もが複雑に絡まっていたからでもある。

(4) 廃娼派と海外膨張論の結びつき――島田三郎主宰『毎日新聞』

では、海外膨張論に廃娼派はどのような対応をしたのだろうか。ここでは明治一〇年代より廃娼運動に取り組み、一九一一(明治四四)年に廃娼運動の全国組織を目指した廓清会の初代会長になる島田三郎主宰の『毎日新聞』の記事をみることにする。『毎日新聞』は一九〇〇(明治三三)年より「社会外之社会」という欄を設け、そこで遊郭にまつわるエピソードや、待ち合い調べ、芸娼妓に関する情報、吉原遊郭から逃走してきた娼妓などについて連載していた[14]。この「社会外之社会」欄で「海外に於ける我姉妹の醜辱」との見出しによる記事が同年四月二五日から三〇日までの間に五回連載されており、同時期に「殖民新論」との欄名で海外膨張に対する様々な情報や方針などが連載されていた。

「殖民新論」の四月三〇日の連載では「殖民新論(八)労働者、娼婦」という見出しで、「家族的膨張を主張するの故を以て、娼婦と奴隷の出稼を非認す、彼の非理の契約によりて、無智の人夫を外出し、誘拐の手段によりて、婦女を外出するは、真正殖民の原理と相反する者なり、何となれば共に家族的膨張を妨害するの結果を生すればなり[15]」とある。ここで娼婦は「家族的膨張」の妨げになるといわれる。その理由には彼女たちが出稼ぎではなく誘拐されて来ていることが挙げられている。「君子国の丈夫は、其同胞姉妹を誘拐し去り、之を異人種の玩弄に供し、得々として羞ざるに至る」とし、「無識の論者は、唯人口の外出を以て、殖民の先駆と誤解するが故に、娼婦の出稼も、亦他年殖民の地たらんと想う者無きに非ず、是れ甚き陋見なり」と批判をするのである。[16]

「社会外之社会 海外に於ける我姉妹の醜辱（三）」という記事では、「畜妾を難し、一夫一婦を主張し、修身を説き道義を論じ、天晴れなる国民の指導者を以て任ずる人々にして、尚ほ且つ醜業婦の海外輸出を援助する者在るに非ずや」[17]と福沢と思われる人物を揶揄して批判している箇所があることからも、「無識の論者」は福沢を指していると思われる。福沢の「人民の移住と娼婦の出稼」は相伴うべきという主張に対して、廃娼派の島田が主宰の『毎日新聞』は、「誘拐の手段によりて、婦女を外出するは、真正殖民の原理と相反する者なり」と、出稼ぎではなく、誘拐（＝人身売買）の側面を強調することで批判を試みたのだ。

島田三郎

前説において、矯風会の初期の海外日本人娼婦に対する批判が国内の公娼に比して厳しかった理由に、出稼ぎ的側面を看取したためと述べたが、廃娼運動の継続のなかで彼女たちの渡航が、初期は来日した外国人によってだったものが、次第に海外での女性の人身売買が金になることに気付いた日本人業者のネットワークが整うにつれて様々な手段で送り出されていることが廃娼運動を担う人々にも明らかになっていった。こうした渡航幇助者のネットワークが〈出稼ぎ〉に出ようとする女性たちの身近にあったことは第2章でみてきたとおりである。とはいえ、繰り返しになるが、廃娼運動の主張も決して一枚岩ではなく、論者によって、あるいはその内容によって海外の日本人娼婦の境遇が誘拐や騙されたうえでの結果なのか、あるいは〈出稼ぎ〉の結果なのかという意見は廃娼派の雑誌や新聞紙上でも各記事によってまちまちであった。

しかし、『毎日新聞』が論じる「海外に於ける我姉妹」を注意深くみると、「異人種の玩弄に供し」と書かれ、彼女たちの足跡が「北は即ち支那の北部、浦鹽須徳より西比利亜の荒野を過ぎて既に露国に侵入し、東は遠く大洋を渡りて亜米利加に上陸し、南は即ち一葦帯水の上海香港を門戸とし、暹羅、新嘉坡、馬来半島よりスマタラ、ジャハ、ボルネヲ、セレブスの諸島に散布し、豪州群島に蕃殖せり、而して西方は即ちラングイ、ビルマ、よりカルカッタ、孟買を靡け、既に阿弗利加の東浜に達しぬ[18]」と連ねられていることからも分かるように、焦点化されているのは外国人を相手に性をひさぐ女性たちであり、福沢や比志嶋、日本政府が期待したような、海外膨張するうえで必要とされた日本人男性のための日本人娼婦ではなかった。それは上に挙げられた国に占領地や植民地が数えられていないことからも明らかである。

つまり、島田たち廃娼派たちは福沢の主張に対して「家族的膨張」の妨げになるという理由で批判を展開したが、彼らが思い描く海外日本人娼婦とは、欧米の植民地などで現地の人々や植民者に売春をする女性たちだったのだ。このように海外日本人娼婦の内実に齟齬があったことから、『毎日新聞』の論説は、福沢たちの植民地・占領地公娼制度内への日本人娼婦の必要性を訴える主張に対して何ら有効な批判になり得ていなかったのみならず、彼ら廃娼派が想定していた海外日本人娼婦を「真正殖民の妨害たるべきは、醜業婦の出稼」であるとする言は、移民保護法でもって植民地・占領地公娼制度へ女性を囲い込み、管理される身体（公娼）と、他方で管理下に入らない取り締まられるべき身体（私娼）を作り出した政府の意向に図らずもぴたりと即した形になってしまったのである。

註

（1）『時事新報』一八八三（明治一六）年一〇月一八日（『福沢諭吉全集』国民図書、第九巻、三六〇頁）。

（2）『時事新報』一八八五（明治一八）年一一月二〇日（『福沢全集』岩波書店、第六巻、九六―一一〇頁参照）。

（3）芸娼妓に「価値があった」と一概に述べることは難しいが、関口すみ子は「『御一新』前は花形だった『花魁』すら『牛馬』と言われ、その地位はじりじりと地盤沈下してきた」が、それでも「世間はまだ、娼妓が親兄弟のために身を犠牲にしている孝行娘だと見る目を捨てなかった。それを支えてきたのは、歌舞伎・浄瑠璃・読本などのポピュラー・カルチャーであった」と近世までの日本の遊女へのまなざしを指摘している（関口、前掲書、二七二頁）。また、福沢が娼妓と芸妓を同じ括りとして「芸娼妓」としたことは重要である。

（4）関口、前掲書、二七七頁。

(5) 関口は「井上馨夫人武子をはじめ、伊藤博文夫人梅子、睦奥宗光夫人亮子等」とした人々を例に挙げている。(関口、前掲書、二七六頁)。
(6) 関口、前掲書、二七六頁。
(7) 福沢諭吉「人民の移住と娼婦の出稼」『時事新報』一八九六年一月一八日。
(8) 比志嶋少将『門司新報』明治二九年四月二日。
(9) 日本キリスト教婦人矯風会編『日本キリスト教婦人矯風会百年史』ドメス出版、一九八六年、二一七頁。
(10) 矯風会機関誌『婦人新報』一八八九(明治二二)年一月号。なお、引用は一八八九年の請願書だが、初期の請願書と趣旨は変わらないものである。また『廓清』一九一三(大正二)年一月号にも同じ請願書文面が転載されている。
(11) 矢嶋楫子の主意書から。この主意書は巌本善治主宰の『女学雑誌』七〇号(明治二〇年)に掲載され、別に千部が刷られ『朝野新聞』などにも紹介された。(日本キリスト教婦人矯風会編、前掲書、五二頁)。
(12) 署名なし「社説 帝国議会に於て一夫一婦の建白の通過せんことを祈る」『東京婦人矯風雑誌』第四四号、一八九一(明治二四)年一二月。
(13) 署名なし「日本人は日本の賤業婦女が米国に出稼ぎを為すを知る乎」『東京婦人矯風雑誌』第一五号、一八八九(明治二二)年六月。
(14) 芸娼妓蔑視を呼びかけて売春業を「人間社会以外の業」とした福沢と同様に、芸娼妓にまつわる出来事を記す欄の名称が「社会外之社会」であったことは示唆的である。

(15)「殖民新論（八）労働者、娼婦」『毎日新聞』一九〇〇（明治三三）年四月三〇日。
(16)前掲記事。
(17)「社会外之社会　海外に於ける我姉妹の醜辱（三）」一九〇〇（明治三三）年四月二八日。
(18)「社会外之社会　海外に於ける我姉妹の醜辱（一）」一九〇〇（明治三三）年四月二五日。

第5章

分断される女／性

愛国婦人会芸娼妓入会をめぐって

（1）「近代家族」と「芸娼妓」

開国以降に流入してきた欧米の性道徳、そして欧州の近代的な公娼制度の仕組みを学んだ知識人層やクリスチャン関係者が各々の思想信条によって芸娼妓と公娼制度をどのように捉え、いかなる論を展開したのかを前章でみてきた。公娼制度を必要悪だとして存娼を主張しながらも芸娼妓を貶める発言を繰り返し、それまで民衆の生活社会において芸娼妓と妻との境界がゆるやかに連続していた状況にあえて楔を打ち込み断絶させようと腐心する福沢諭吉の意図とは、欧米の家族を範とする「近代家族」の成立を理想とする思想と表裏一体でもあった。

他方、存娼派とはベクトルが逆向きであるはずの廃娼を主張する矯風会の言説も、一夫一婦制を主張し、家における女性の地位を高めようとする目的の前では、芸娼妓は夫や息子を誘惑する不埒な女としか映らなかった。むろん、当時における女性解放運動の嚆矢となった矯風会の活動や思想は決して低く評価されるべきものではない。だが矯風会が会設立当初から女性解放運動の「障害」として、経済的格差を生み出し強化していく社会構造そのものに目をむけることなく、その構造ゆえに底辺に位置づけられてしまった女性を措定したことは押さえておくべきである。これは当時の、良妻賢母／娼婦といった女性に課せられた二重規範から矯風会もまた自由ではなかったことを示すものである。むしろ矯風会の担った役割は、積極的にその二重規範を内面化し、日本社会へ推し進めたといってもいいものであった。つまるところ、芸娼妓を貶め、婦人の擁護者を自認した福沢と目的は異なれども、廃娼を達成するために、芸娼妓を「売淫婦」と呼び、海外日本人娼婦は帝国日本の「汚辱」であるという蔑視観を社会に普及させようとした行為は、福沢の意図とそうかけ離れたものではなかった。両者に共通するものは、一夫一婦制を基本とする「近代家族」を理想とし、日本社会に敷衍させることであった。

こうした両者の思惑に牽引されるかのように、娼妓奉公の年季が明けたら家に帰ってくる道すじがゆるやかに残されていた庶民の意識も次第に変容を遂げていくことになる。その変容の背景には「近代家族」の興隆があった。『戦略としての家族』のなかで牟田和恵は、「家族」概念の変遷が近代国家形成と緊密に関係していたと明らかにした家族社会史研究の成果に言及しつつ、それは「家族が国家の一方的な統制や支配の下に置かれたということを意味するのではなく、変容を経た「家族」を拠点として人々はむしろ自発的に近代社会の規律を内面化し「国民」として自己形成していった(1)」と指摘している。

「変容を経た『家族』」とは、情愛を紐帯とする性別役割分業に基づいた——いわゆる「家庭（ホーム）」概念の形成とともに確立してきた「近代家族」を指しており、牟田が参照するＧ・Ｌ・モッセが指摘するように、「市民的価値観」（リスペクタビリティ）を規範としたかれら「中産階級」の興隆は、強くナショナリズムと結びつき、国家の生と性の秩序強化の役割を果たした。だが他方で、家族という集団に属さなかった人々も同様に「国民」たらんと切望するナショナリズムを内面化していった側面を見逃すことはできない。

一夫一婦制を理想とする家族中心の性規範を根拠とする廃娼運動は、妻として家族に属さないどころか、夫や息子を誘惑して家庭を破壊すると目される娼妓の根絶を目指した。しかし、その仇敵たる娼妓もまたナショナリズムを内面化し愛国心を発露していった事実を照らし合わせるとき、そこに「国民」はおしなべてみな「天皇の赤子」であるとした天皇制下での「平等主義」の浸透を読み取ることができる。たとえば、廃娼運動団体である廓清会を対象に、天皇制下の社会改良運動について論じた片野真佐子は、「天皇の前には、自らも一個の国民であり人間でありうるのだという茫漠たる幻想を抱く娼妓たちと、道徳の具現者たる天皇の前に立つべきは善良な国民であらねばならないとする廓清会の人々と、両者に共通するのは天皇の名において顕在化するナショナルな心情であり、両者を分かつ論拠は性道徳である[2]」と指摘する。

このように明治以降の日本には、「国民」の枠内に共存しえぬカテゴリーが併存しており、「市民的価値観」を規律とすることで国家と緊密な関係を結ぶ「近代家族」の中心化に従って、娼妓が次第に周縁化されていった。牟田が述べる「日本においても、明治から大正に至る日本の近代国家確立期を通じて、ナショナリズムが民衆レベルにまで興隆・浸透したこと、そして一方では、民衆レベルにおいては緩やかであった伝統的な性規範に対して不寛容な態度が生まれ、普及していったことをわれわれは承知している[3]」との言葉どおりである。

さて、対外膨張を政策の中心に据えた日本国家が植民地・占領地外の女性たちの「取り締まり／保護」を放棄し、移動する日本人男性の慰安を目的とした日本人女性の移動の取り締まりを「厳」から「寛」へと転換したことをみてきたが、存娼派も廃娼派も、「移住」や「殖民」などの言葉によって表現される対外膨張については是としていた。日清戦争に勝利したことで台湾を領有し、朝鮮を「保護国」とした当時の空気が感じとれよう。本章では、その後の日露戦争時期の言説を扱う。具体的には、愛国婦人会への芸娼妓入会をめぐって誌面論争へと発展した愛国婦人会と『婦女新聞』のやり取りを取り上げる。この議論の応酬の中で、海外で売春を経済的営為とする女性と国家の関係、軍国主義化していく日本と「近代家族」の興隆の関係、そして「近代家族」と芸娼妓との関係が集約されていると思えるからである。

加えて、対象とする誌面論争は、ゆるやかにすすんでいた娼妓の周縁化の過程が、愛国心の発露を契機に表面化した事件でもある。一九〇四（明治三七）年という日露戦争によって急速に「国民」化が進んだ年だからこそ当該事件は必然であったともいえよう。争論の発端となった愛国婦人会とは、戦争という公の領域に家庭という私的な領域からの回路を開き、女性の「国民」化に道筋を与えようする魁の団体であった(4)。ゆえにこの争論は、娼妓周縁化の一端が見えるかなり早い時期の事件であると同時に、「近代家族」に属さない人々——ここでは娼婦——の「国民」化という次元を垣間見る手がかりとしても位置づけうる。こうした諸相を踏まえ、事件の中心となった芸娼妓は「国民」という枠内で、「近代家族」とどのような位相関係に置かれていったのか、また、それがどのような論理によって為されたのか、本章ではこれらの点に注目しながら論を進めていきたい。

(2) 愛国婦人会による娼婦の国民化

愛国婦人会は一九〇一(明治三四)年、奥村五百子の提唱により出征軍人の慰問と軍人遺家族の援護を目的として設立され、近衛篤麿や皇族らの後援等を巧みに取り入れることで規模と勢力を急激に拡大した婦人団体であった。初代会長は岩倉具定夫人久子が就任し、創立趣意書は下田歌子が書き、一九〇三(明治三六)年には閑院宮載仁《ことひと》親王妃智恵子を総裁に迎えるなど、会運営の中心には皇族や上流階級夫人らなどが占めていた。奥村五百子は全国を遊説して会員拡大に努め、たちまち日本一の婦人団体となり、一九四二(昭和一七)年に大日本婦人会に統合再編されるまで、日本の銃後を固める組織として慰問袋作成や兵士送迎などの軍事援護に尽力した団体である。(5) 設立を提唱した奥村五百子は一八四五(弘化二)年肥前唐津に生まれ、父了寛は釜山海高徳寺一二世住職で公家出身の勤王家であった。五百子はこの父から兄円心とともに忠君愛国思想を幼少時より養われ、長じては尊王攘夷運動に従事するほど熱心な尊王派であり、五百子にとって天皇を頂点とした国家は自明のものであった。愛国婦人会もこの五百子の「憂国」と「報恩」の熱意から生まれたといえる。

愛国婦人会の特徴は、まずその急激な会員拡大が挙げられる。会費さえ払えば誰でも会員になれる仕組で、会員は「名誉会員」（皇族）、「特別会員」、「通常会員」とわけられ、さらに男性も加入できる「賛助員」が設けられていた。名誉会員になることができるのは皇族のみだったが、特別会員と通常会員は会費の多寡によって区別された。皇族や華族もいたが会員の階層の多くは中流婦人が占めていた。だが佐治恵美子は、中流に留まらないと「女工や左官の女房など下層の人々もまた会員となっている。彼女らは数は少ないが、その入会や寄付金の醵出は『愛国婦人』に美談として掲載され、会員の志気を高める役割を果たす」がゆえに「その点で彼女らの存在は重要視されてよい」と指摘している[6]。

愛国婦人会は当時、海外で売春を経済的営為としていた女性たちにも入会を募っていたという。その「事実」は女衒で名高い『村岡伊平治自伝』に記されている。

奥村五百子

明治三十五年、長崎県知事夫人荒川夫人から拙者［伊平治自身――引用者］へ宛てて手紙がまいった。その文面によると、拙者のことは拙者の従兄（父の姉の子）富永書記官から聞いており、拙者が日本人会長でいろいろ日本人のために尽力しておることを聞いたので、ついてはこのたび、会員募集のため愛国婦人会から、原田お婆さんを派遣するにつき、ご援助を乞うとのことである[7]。

伊平治とは長崎出身で一八八五（明治一八）年一八歳の時に海外雄飛を試み、その後「女衒」として東南アジア地域で活躍した人物である。この自伝は伊平治自身がまとめつつあった手記を基に、一九三六（昭和一一）年

『村岡伊平治自伝』

に伊平治と遭遇した元台北高等商業学校教授河合譲が本人の記憶と照合しながら整理したものである。その記述には伊平治の誇張や記憶違いが過分にあり、多くの研究者に信憑性が薄いと見なされる読み物だが[8]、海外日本人娼婦の愛国婦人会入会については「事実」とみて差し支えないようである。

上記引用中の「荒川夫人」とは、実在の人物、愛国婦人会長崎支部長荒川菊子であり、さらに自伝原本の巻末には、伊平治が即日二七〇名の女性たちを入会させた功によるものと思われる荒川菊子、会総裁載仁親王妃智恵子ならびに同会会長公爵夫人岩倉文子からの感謝状の写しが付載されている[9]。また一九〇四（明治三七）年には愛国婦人会への献納金を募集することになり、「拙者はマニラ中を奔走して、合計五千四十六ドルを集めた[10]」との記述もある。この献金に対して伊平治は、東京府知事男爵千家尊福から感謝状と木杯を受け取っている[11]。

愛国婦人会が設立当初から海外の日本人娼婦を入会させようと働きかけていたことの証拠として、国内の芸娼妓の入会を認めていたことが挙げられる。しかし、この芸娼妓入会の是非に関して、愛国婦人会を設立時より支持してきた『婦女新聞』の著しい不興を買うことになった。のちに愛国婦人会機関誌『愛国婦人』と『婦女新聞』とのあいだの誌面応酬に発展する騒動こそ、本章の分析対象となる事件である。これより国外／国内の違いはあれ、芸娼妓入会に対する『婦女新聞』の批判と、それに対する愛国婦人会の反応を追跡していきたい。

（3）愛国婦人会・奥村五百子の芸娼妓観

事件の発端は、一九〇四（明治三七）年八月一日付の『婦女新聞』の一面に掲載された記事であった。そこには「芸妓が盛装して停車場に兵士を送迎するは勝手」だけれども、「誠意の団体たる婦人会の徽章を利用するは、決して其会の神聖を保つ所以にあらざるなり[12]」と述べられ、さらに続けて二面では「京都祇園芸妓数十名愛国婦人会京都支部に入会し日々盛装して七条停車場通過の傷病兵を見送るため会員中にはこれを迷惑に感ずるもの多く排斥の声盛なりといふ[13]」と具体的な状況を伝えている。

この時点ではまだ『婦女新聞』の口調は柔らかく、京都における芸妓の愛国婦人会入会に関して会の内外から批判の声が挙がっていることを指摘するに留まっている。これに対し、愛国婦人会は同年八月二〇日付の機関誌『愛国婦人』に創設者奥村五百子の言葉として「奥村刀自談片」を載せている。これは『京都新聞』が「奥村女史の談」として掲載した記事の再録であった。

京都には芸妓問題と云ふやかましい問題が出来て居る。そこで自分の意見を聞かれたから自分はかう答えた。元来本会は国恩に報ゆる為に建てた会であるから、日本婦人は仮令ひ芸娼妓と雖も等しく国恩を受けて居るに違ひないから、是等のものが其篤志よりして会員とならうと云ふには少しも拒む理由はない。会員にしてよろしいのである。見易い道理が、芸娼妓の子でも兵役に服する義務があッて等しく国家に尽くして居るではないか。芸娼妓でも日本婦人であるからには其本名を名乗ッて入会するのは差支ない。（中略）今日の場合は国民の内で彼是を争って居る場合でない。互に一歩づヽ譲合ッてみんな一致して事に当たらねばならぬ時であると答へて置た。[14]

『婦女新聞』では「芸妓」の入会を問題としたが、五百子の返答では「芸娼妓」となっていることをまず確認しておきたい。そのうえで五百子は、「芸娼妓」であっても「日本婦人」に変わりないのだから入会するのに何ら差し支えることはないと言い切っている。その道理として、「芸娼妓の子でも兵役に服する義務があ」ることを挙げている。「芸娼妓の子」と五百子は言うが、年季中の芸娼妓の出産は許されず、仮に妊娠しても強制的に堕胎させられていた現状を考えるならば、五百子の念頭には年季明けの芸娼妓が「通常社会」へ戻り結婚するという、便宜的に名付けるならば〈旧来的な性意識〉があったのかもしれない。この売春と婚姻の境界が行き来可能なものとして捉えられていたことは、第１章にて、外国人の目を通した光景として既に確認したとおりである。こうした五百子の論理は、当時、家における女性の地位向上のために、次代の国民を育てるべき母として良妻賢母教育を標榜し牽引していた巌本善治主宰の『女学雑誌』や日本基督教婦人矯風会、またもちろん『婦女新聞』とも一線を画したものであった。

さて、これに前後し『婦女新聞』は八月二二日付で、「奥村女史の談として京都新聞のかゝぐる所」と題した記事を載せた。五百子が『京都新聞』に語ったものである。

芸妓犒軍問題も一寸聞いて居るが、実は自分等が最初発起する際は苟も日本の婦人たる以上は、貴賤となく貧富となく入会せしむるの精神で其間には毫も区別を置かぬのである。現に緋の袴をはいて居る連中にさへ昔を質さば、如何しきものがあるではないか。デあるから芸名を以て入会し来るにあらざる以上は、何も詮議立てをする必要がない。今日は穢多の息子でさへ其器であれば如何なる高位高官にも就くことが出来るじゃないか。而も今日の如き時局に際し、芸妓がどうの斯うのと云ふ様な眼光ではマア仕方ないね。[15]

『京都新聞』に載った五百子の言葉の引き写しであるが、これに対する『婦女新聞』のコメントは書かれていない。『婦女新聞』としては、『京都新聞』に五百子の談が載った後、愛国婦人会本部がどういう立場を示すか見守ったのである。だが、愛国婦人会は機関誌『愛国婦人』に会主唱者である五百子自身の言葉を掲載することで、内外の批判を封じる方策に出た。それが、先に引用した「奥村五百子刀自談片」であった。

この『婦女新聞』の五百子の談で注目すべきは、「今日は穢多の息子でさへ其器であれば如何なる高位高官にも就くことが出来るじゃないか」との言葉である。先にみたのは、〈旧来的な性意識〉の側面だったが、「穢多の息子」と「芸娼妓の子」を並列にする五百子の言葉から読み取るべきもうひとつ重要な側面がある。それは「苟も日本の婦人たる以上は、貴賤となく貧富となく入会せしむるの精神で其間には毫も区別を置かぬのである」との言葉に象徴されるように、一八七二（明治五）年の段階で江藤新平を中心とした改革路線を推し進める際に出された、「今や時世文明に趣き人権愈々自由を得、已に華士族の特許特権を除きなされ、穢多を平民に列せらるゝ等、数百年の弊習を一洗し、千古の美事蝶々論を待たず(16)」という天皇制下の「平等主義」である。

一八七二（明治五）年とは、長い鎖国を解き諸外国と緊張ある対応に迫られていた明治政府が、芸娼妓の年季奉公が人身売買であるとの認識から「娼妓解放令」を出した年であり、上の文言は、その際に太政官からの司法省の建言に関する下問に答えるというかたちで出された大蔵省大輔井上馨の建白である。前年に出された「賤民解放令」などと同様に、「時世」は「文明」におもむいているのだから、「遊女・芸者その他種々の名目にて年期を限」るのはアメリカの「売奴」と変わらないとし、遊女・芸妓等の束縛を解放し、その売買を禁止するよう提議したものである。(17)さらにこの年は「徴兵の詔書」と「徴兵告諭」が出された年でもあった。「徴兵告諭」は、次のように宣告する。

世襲座食の士は其禄を減じ刀剣を脱するを許し、四民漸く自由の権を得せしめんとす。是れ上下を平均し人権を斉一にする道にして、即ち兵農を合一にする基なり。是に於て、士は従前の士に非ず民は従前の民にあらず、均しく皇国一般の民にして、国に報ずるの道も固より其別なかるべし。(18)

前年に「賤民」の解放と華士族の特権を廃止した明治政府は、「徴兵告諭」によって「上下を平均し人権を斉一にする」という理念のもと、男性は「均しく皇国一般の民」であることを規定しているのである。五百子の「芸娼妓の子でも兵役に服する義務があッて等く国家に尽くして居る」という言葉は「徴兵告諭」と歩調をそろえたものであった。五百子は芸娼妓も一般婦人と同列に、天皇の前に「均しく皇国一般の民」となるべき「息子」を産む役割を担う女性と想定していることが読み取れる。五百子の中では、女性を売春行為によって差別する女／性の二元化はされていないのである。

（4）『婦女新聞』の性格——創刊の動機と福島四郎

五百子の言葉でもって批判を封じる方策に出た愛国婦人会の対応に、『婦女新聞』は「奥村女史は芸妓のみならず娼妓にても入会せしめんといふなり。〔……〕あゝ上には皇族殿下を総裁と仰ぎ奉り、最上流の貴婦人を役員中に殆んど網羅し尽くし、二十万人の会員を擁して堂々赤十字社を拒絶せずとせば、彼等醜業婦に対する制裁は之を何処に求むべき」と慨嘆し、猛然と反発する。ここにおいて芸娼妓は「醜業婦」と言い換えられる。「実に、芸娼妓を愛国婦人会に入会せしむるの可否論は、単に同会に関する大問題たるのみならず、亦日本婦人全体に関する大問題なり」として、品位ある婦人が「醜業婦」と同一団体に属することに疑問を持たなければ、欧米に於ける「日本婦人」の信用は「まさに地を拂ふて去るべき也」と激しい口調で批判するのだった[19]。

そもそも会設立当初より支持を表明していた『婦女新聞』が、どうしてこれほどまで芸妓入会にこだわったのか、それは『婦女新聞』主宰者福島四郎の創刊の動機から窺いしれる。四郎には嫁ぎ先で二一歳の若さで病死してしまった姉がいた。この姉の死について四郎は「婦女新聞創刊の動機」という創刊一五周年を記念する記事で、「不倫不徳の舅を有する家庭に嫁いた我が姉は、良人が投機に手を出して失敗した為め、精神的苦痛と物質上の窮乏とに責められて、遂に枕の上らぬ病人となつた」と回顧する。記事には、医学修行中の兄へ手紙を出してほしいとの姉の頼みを、嫁ぎ先の家族が聞き入れなかったことを知り病床で涙をこぼす姉が偲ばれている。だが、つらい境遇を察して父が戻ってくるよう勧めても「女は一度嫁しては再び帰ることの出来ない筈、いくら痛《つら》くても自分の家はここより外にありませんから」と返事をしたという姉に、「何故に、女は一度他家へ行ったら再び我が家に帰る事の出来ないか」を、子ども心に疑問を覚えたと書いている。

その後教員になった四郎だったが聴覚障害から教員を辞めようと考えていた一八九九（明治三二）年に『婦女新聞』発行の直接のきっかけとなる福沢諭吉の男女平等論に出会う。

古来の女訓があまりに女子の人格を無視し、多年の習慣が女子の人権を蹂躙して怪しまない不道理を、福沢先生に教へられた予は、姉の生存中之を聴かなんだ事を恨むと同時に、世間には今尚我が姉と同じやうな境遇に泣きながら、之れに服従するのが女としての唯一の道と信じ、遂に姉の如く虐待の結果、間接に殺されてしまふものがあるであらうから、此の先生の主義を大に世に宣伝して、それ等の婦人の味方となり、因習の道徳と戦ひ、横暴の男子を懲らすことに従事しようと、斯くて婦女新聞の創刊を思ひ立つた。(20)

一九〇〇（明治三三）年五月一〇日の創刊号「発刊の辞」でも、四郎が『婦女新聞』に込めた思いが発刊の辞に見てとれる。「今日の女子諸君の地位を高め、体格を強め、夫に仕えては良妻となり子をあげては賢母とならしめ、以て乱れたる家庭を治め、以て頽れたる社会の風儀を正すことを得ば、〔……〕本紙こそ遥にまさりたる奉祝の記念たることを得め」[21]。これらの目的、そして四郎の創刊の動機から明らかなように、『婦女新聞』は一貫して女性の地位向上を目指した新聞であった。

また、見落としてならないのは、「その主張の根底には、それが女性の政治的権利であれ、母性保護であれ、廃娼問題であれつねに国家の発展という大命題をひそめていた[22]」ことであり、そうした四郎の国家観は天皇崇敬と強く結びついていたという事実である。四郎の息子である杉夫が「四郎は日本の皇室を国民の本家と考えていた。彼の肉親愛と皇室観の根底にこの思いがあった[23]」と回想するように、『婦女新聞』第一号の発行日には、後に大正天皇となる皇太子嘉仁と九条公爵家四女の節子との「ご成婚」当日が選ばれ、先に見た発刊の辞には「この時に当り、わが『婦女新聞』は、自ら全国二千万人の女子諸君のために、この祝日の活きたる紀念たらんとて生まれ出でたり」と勢いよく宣言されている[24]。

このように、女性の解放および権利拡張を主目的に掲げる『婦女新聞』だったが、姉の死を創刊動機にもつ四郎にとって「善良な家庭の創造」は何よりも優先して実践すべき題目であり、その題目の前に芸娼妓は「善良な家庭」を破壊する「醜業婦」としてしか映らなかった。また福沢の主義主張も四郎の娼妓蔑視観の後押しをしたのかもしれない。しかもその娼妓観は、「神聖なる」皇族を奉ずることによって「彼等醜業婦は其汚れたる身」としてますます対極に貶められていく。

女史は「芸娼妓の子でも兵役に服する義務があって国家に尽くして居る」故入会するのは差支ないといへり。此論法を以てせば、盗賊の女も姦淫の女も、皆入会せしむべしといふ事になるべし。女史の眼中、たゞ軍隊のみありて同義も品性もなきが如し。斯る極端なる思想が、平和の化身たる、道徳の維持者たり、風儀の矯正者たるべき婦人間に蔓延することは、頗る危険なりといはざるべからず。〔……〕曰く、芸娼妓の存在を希はゞ、之に相当の待遇を与へて社交界にも出入せしめよ、其の存在を希はずんば、絶対的に彼等を排斥して、一般婦人界より放逐せよ。(25)

五百子の「芸娼妓の子でも兵役に服する義務があって国家に尽くして居る」という言葉を問い詰めるように、『婦女新聞』は「盗賊の女も姦淫の女も、皆入会せしむべしといふ事になる」と非難している。「芸娼妓」を「道義」がない「盗賊の女」と、「品性」のない「姦淫の女」と同様とみなした『婦女新聞』の主張は、あえて五百子の発言の意図を曲解した見地から発せられているが、「一般婦人」ならば「同義」も「品性」も持ち合わせているはずだとの前提を振りかざしており、『婦女新聞』の性格を考慮すればこの芸娼妓観もまた当然生じてくる。裏を返せばこれは、売春行為をする娼妓を「同義」と「品性」が欠如している女性ととらえているのであり、ここに、行為概念が人格概念へとすり替えられた瞬間をみることができよう。これは〈旧来的な性意識〉ではみられなかった転換である。こうした論法により「絶対的に彼等を排斥して、一般婦人界より放逐せよ」との言葉は鋭さを増し、排斥の力は一層強められることになるのだった。

『婦女新聞』の論調に愛国婦人会は対応を苦慮し、遂に会の相談役である谷干城のコメントを九月二〇日に載せることになる。

芸娼妓の存在を許して置くのは一国の行政上適当な処置であるが、而し社会がこれを歓迎すべきものでないのみならず、婦人社会に於いても之を排斥し彼等をして潔白なる婦人と同席せしめぬ位の見識は婦人にもなくてはならぬ。我会の如く日本婦人の大団体が出来たならば、其勢力に依り彼等をして社会に跋扈せしめぬやう勤むるは至当の事である。歓迎してまで会員には入れぬやうするがよからう。(26)

一見して分かるとおり、「芸娼妓」を必要悪とする立場から廃娼論には反対すれども、歯切れは悪く、「歓迎してまで会員には入れぬやうにするがよからう」と『婦女新聞』におもねる形で留めている。これは、遠回しではあるが結局「芸娼妓」の入会拒絶の弁となっている。九月二六日の『婦女新聞』には「愛国婦人会は、遂に芸娼妓の入会を拒絶する事に決したりと聞く。吾等は苦言の空しからざりしを喜び、一般婦人の為め祝賀する」[27]というコメントが掲載された。こうして、「芸娼妓入会」にまつわる愛国婦人会と『婦女新聞』の対立は、『婦女新聞』に軍配が上がった形で終息したのである。

（5）近代家族の性規範

愛国婦人会と『婦女新聞』の芸娼妓入会をめぐる対立は、他方で、一夫一婦制の推進によって礼讃された新たな性規範と〈旧来的な性意識〉との相克たる様相を呈していた。『婦女新聞』の批判的論調に対して、「今日現に何爵夫人と呼ばれて貴婦人の仲間に数へらるゝ人の中にも、元を質せば三線の糸に客の機嫌を取りしもあり、故に今公然芸妓（奥村女史は娼妓ともいふ）を排斥せば、其等の人に対して気の毒に堪へず云々」[28]との声が内部で挙がったのである。芸妓出身の女性を妻とした伊藤博文や山県有朋への配慮から出た言葉であろうか。これに対して『婦女新聞』は、以下の言葉をもって答える。

いかにも今日上流にある婦人中にも、前身いかゞはしき人なきにあらねど、其は今更咎め立てして排斥するに及ばず。否排斥するは寧ろ事理を弁ぜざるものといふべし。何となれば、今日と維新前後とに於ては、婦徳の標準に大なる差違あればなり。〔……〕遊廓より外務省に出勤せし人を、磊落なる豪傑なりと称せし時代に、芸娼妓を納れて妻としたりとて、いたく責むること能はずんば、同じく亦其妻を責むる事も能はざる筈なり。此時代に於て、彼等醜業婦が跳梁すること、また余義なき次第なれども、教育普及し、一般の倫理的思想高まり、男尊女卑の弊風漸次に一洗せられんとする今日に当り、尚昔時の思想を以て、彼等醜業婦に対せんとするが如きは、愚も亦甚だしといはざるべからず。今日は婦人思想の過渡期なり、前世紀の遺物が一方に存在するは、素より当然の事なれば、之を追求するは酷ならん、たゞ現在及び将来に於て、彼等醜業婦の跳梁を予防すべきのみ。(29)

「上流」にいる「前身いかゞはしき人」を排斥するに及ばないとする理由を、「今日と維新前後とに於ては、婦徳の標準に大なる差違あればなり」と綴る『婦女新聞』の含意するところは、不特定多数の男性へ性を売っていた女性が劣格者の烙印を押されることなく「通常社会」へ戻る、いわば売春と婚姻とのあいだが差し当たり行き来可能であった時代の揶揄である。

しかし、過去に売春行為をしていた女性が婚姻する慣習を「前世紀の遺物」とし、「教育普及し、一般の倫理思想高ま」りつつある今日に於いて、このような見方から脱しないことは

「愚も亦甚だしい」とされたのである。ここに、冒頭で紹介した「市民的価値観」という枠組みを規律とした「近代家族」が、不可逆的に娼妓を周縁化していく過程の一端を垣間見ることができる。

結局のところ、愛国婦人会と『婦女新聞』との争論は、『婦女新聞』の主張に妥協する形で芸娼妓を排除することに解決をみた。五百子の「思想」では、天皇の下での「国民」の中に差別を設けるほどの理由を芸娼妓に見出してはいなかった。それはひとえに近代天皇制の「一視同仁」のイデオロギーを五百子が内面化していたことに由来している。他方、やはり同じく天皇崇敬の念をもつ四郎だったが、「国民」として女性を見たとき、その健全さを損なうゆえに「国民」から「放逐」すべき女性がいるとして芸娼妓が名指しされた。芸娼妓として生きる女性たちもまた、「家」の抑圧によって社会の底辺へ位置づけられた存在だったが、女性の地位向上を目指すはずの四郎の視野には入ってこない。それは、姉の死や自身の出身階層に規定された四郎の想像力の限界だったともいえる。芸娼妓を「経世上の窮策として、暫く社会外の社会に存続せしむるなり[30]」と述べる四郎の言葉は、芸娼妓の「国民」化を阻んだことを象徴していた。

このように、四郎主宰の『婦女新聞』は一夫一婦制の性規範を根拠に「女性」に分断を持ち込み、「近代家族」を創造することに尽力していった。ともに近代天皇制イデオロギーの下にあった五百子と四郎だが、その思想は「近代家族」が規律化していく性規範によって立場が分かれていく。言い換えれば、この一連の事件は近代天皇制イデオロギーが伝統的家族と矛盾することの発見でもあったといえる。

註

(1) 牟田和恵『戦略としての家族――近代日本の国民国家形成と女性』新曜社、一九九六年、i頁。
(2) 片野真佐子「天皇制下の性と人間――『廓清』にみる廃娼運動の一側面」『福音と社会』第三七巻一二号、一九八二年、三八頁。
(3) 牟田、前掲書、一一八頁。
(4) 飯田祐子「婆の力 奥村五百子と愛国婦人会」小森陽一・成田龍一編『日露戦争スタディーズ』紀伊国屋書店、二〇〇四年。
(5) 石月静恵『戦間期の女性運動』東方出版、一九九六年、守田佳子『奥村五百子――明治の女と「お国のため」』太陽書房、二〇〇二年参照。
(6) 佐治恵美子「軍事援護と家庭婦人――初期愛国婦人会論」近代女性史研究会編『女たちの近代』柏書房、一九七八年、一二三頁。
(7) 村岡伊平治『村岡伊平治自伝』南方社、一九六〇年、一四三頁。
(8) 矢野暢は「『村岡伊平治自伝』の評価」とする項目を設け、「この本に描かれてある娘子軍の生態や彼女らが喰い物にされるメカニズムは、まぎれもなく歴史の実像である。そういうメカニズムの内部に目を置きメカニズムを動かす立場にいたものでなければ描けない、事実をおさえている者だけが持つ迫真力がある」としながらも

「……『村岡伊平治自伝』を信頼に足る歴史の一次資料と位置づけることは、躊躇しないわけにはいかない」と留保をつけている（矢野暢『「南進」の系譜』中公新書、一九七五年、三六―四〇頁）。

（9）村岡、前掲書、巻末資料一六頁。

（10）村岡、前掲書、一四七頁。

（11）村岡、前掲書、巻末資料一七頁。ただし付記するならば、一九〇二（明治三五）年三月から発刊された会機関誌『愛国婦人』にそうした記載は一切みられない。だが、そのことは海外日本人娼婦の入会が伊平治の「嘘」であったことを意味するのではなく、皇族を総裁に迎え、役員を上流階級で占めていた愛国婦人会が持つ性格に因るものであったと思われる。

（12）「芸妓と婦人会」『婦女新聞』第二二一号、一九〇四年八月一日。

（13）「愛国婦人会と芸妓」『婦女新聞』第二二一号、一九〇四年八月一日。

（14）「奥村刀自断片・京都の芸妓問題」『愛国婦人』第六〇号、一九〇四（明治三七）年八月二〇日。

（15）「奥村女史の談として京都新聞のかゝぐる所」『婦女新聞』第二二四号、一九〇四（明治三七）年年八月二二日。

（16）『公文録』司法省之部、壬申（明治五年）一〇月。

（17）大日方、前掲書、二八三頁。

（18）「徴兵告諭」壬申（明治五年）一一月二八日『法令全書』

（19）「愛国婦人会と芸妓問題」『婦女新聞』第二二六号、一九〇四年九月五日。

（20）福島春浦「婦女新聞創刊の動機」『婦女新聞』第八〇七号、一九一五（大正四）年。

(21)「発刊の辞」『婦女新聞』第一号、一九〇〇(明治三三)年五月一〇日。
(22)永原和子「はしがき」婦女新聞を読む会編『『婦女新聞』と女性の近代』不二出版、一九九七年、五頁。
(23)福島杉夫「父、福島四郎のこと」婦女新聞を読む会編『『婦女新聞』と女性の近代』不二出版、一九九七年、三二頁。
(24)「発刊の辞」『婦女新聞』第一号、一九〇〇(明治三三)年五月一〇日。
(25)「愛国婦人会と芸妓問題」『婦女新聞』第二二六号、一九〇四(明治三七)年九月五日。
(26)谷干城「男女交際論及芸娼妓反対論に反対す」『愛国婦人』第六二号、一九〇四(明治三七)年九月二〇日。
(27)「愛国婦人会の反正」『婦女新聞』第二二九号、一九〇四(明治三七)年九月二六日。
(28)「社説 婦人界の恥辱」『婦女新聞』第二二七号、一九〇四(明治三七)年九月二〇日。
(29)「社説 婦人界の恥辱」『婦女新聞』第二二七号、一九〇四(明治三七)年九月二〇日。
(30)「愛国婦人会と芸妓問題」『婦女新聞』第二二六号、一九〇四(明治三七)年九月五日。

第6章

優生思想と海外日本人娼婦批判

（1）日本における優生思想の流入と「純血／純潔」イデオロギー

女性の解放を掲げながら日本の公娼制度廃止を求めた廃娼運動だったが、運動に随伴した言説を分析すれば、〈売春する女性〉への蔑視観のみならず、廃娼の思想と天皇制との共謀関係やナショナリズムとの親和性までもが読みとることができる。しかし、当時の廃娼運動で問題視された〈売春する女性〉には、「公娼」、「私娼」、「海外〈出稼ぎ〉女性」と三区分化されていた点に傾注すれば、廃娼運動の包括的な思想背景のみでなく、各区分への具体的な議論を検討し、それらがどのような作用影響を及ぼしたのかも俎上にあげる必要があるだろう。ここでは、日本に流入した優生思想が海外日本人娼婦の批判言説とどのように結びついたのかを検討していきたい。

チャールズ・ダーウィンの『種の起源』から急速に人気を博した進化論やフランシス・ゴールトンの優生学論、グレゴール・メンデルの遺伝学の知識は、日本にも早くから翻訳紹介され、知識人らはそれらを必須の学知として貪欲に摂取した。優生学的知見が一般に普及していくのは、日清・日露戦争を経た明治三〇年代以降となる。優生学の受容状況が変化していく契機には、次の三点が挙げられよう。[1] 一点目は、進化論や遺伝学の体系的な日本への紹介であり、たとえば、一九〇四（明治三七）年に丘浅次郎の『進化論講和』がベストセラーとなり、また医

チャールズ・ダーウィン

学史家である富士川游は学術雑誌『人性』を創刊している。二点目は、日清・日露戦争を経た日本が帝国主義的膨張に向けて人口増加策の必要性を認識したことである。人口問題の焦点化に呼応して、内閣統計局調査官であった呉文聰は『戦後経営 人口政策』という本を一九〇五（明治三八）年に出版している。三点目には、米国での知的障害者などに対する強制的断種手術の法律許可のインパクトが挙げられる。米国では一九〇七（明治四〇）年インディアナ州を皮切りに各州で断種が実施されていった。「断種法」の情報は日本にも伝えられており、こうした変化を背景に優生学的改革を国家的課題として論じる言説が出現する。

日本に入ってきた優生思想は、まず遺伝という「科学的」視点を導入することにより、〈よりよい子孫〉を残すための生殖への人為的操作という観点をもたらした。端的に述べると、結婚相手の選択である。

> 結婚には、自己、及び、その相手の血統・形質・及び、其の他の事情に注意し、よくその当の目的を達するに適当なる選択を加へ、且つ、結婚後に於ける生活状態等にも意を用ふる必要あり。(2)

〈よりよい子孫〉を残すためには〈よりよい結婚相手〉を

選択しなければならず、さらに国家のために〈よりよい子孫〉を残すうえで一夫一婦制が絶対条件として求められた。引用の直前には「一夫一婦は男女が人間生活の発展に処すべき唯一の条件なりといふべし［傍点原文］」と断言されている。[3]さらに、次代の国民となる〈よりよい子孫〉を残すための結婚には、民族・国家のための結婚という新たなる意義が付与される。「而してそは民族衛生てふ最新の科学が吾等に下したる覚醒の声である。一個人の利害よりも、将た一家の幸不幸よりも、更に重く更に大なる一民族の興亡を主眼として、結婚に改良を施すことが、最新最善の結婚改良であらねばならぬ[4]」。

加えて、優生思想の名の下に雑多に輸入された主要な概念のひとつに、「テレゴニー」が挙げられる。「テレゴニー」とは、独のアウグスト・ヴァイスマンが、希語の tele（遠隔）と gonos（発生）から作出した造語で、雌がいちど他系統の雄と交尾すると、その後同系統の雄と交尾しても、他系統の特徴が子に現れてしまうという古くから畜産界などで信じられてきた不可解な遺伝現象を分節化するために作られた[5]。日本では先夫性再現説、先夫遺伝、感応遺伝とも訳され、大正から昭和の頃まで広く流行した[6]。各著作での紹介には些末な相違が見られるものの、概説的には性交を初経験することによって女性の体液が変質を起こし、以後に他男性との性交渉によって子どもをもうけたとしても、最初の男性の形質が子どもに発現するとの俗説である。性科学書の執筆で一世を風靡した澤田順次郎が一九二〇（大正九）年に著した『嫁入り前の処女の為めに』でも、「性交反応の理に依って、性交すると女子の体中に、精子より来たる一種の発酵素が生ずるので一度結婚した者は再婚が出来なくなるし、私に破操した処女は、世に出られなくなってしまう」と、テレゴニー概念の影響を読み取ることができる(7)。

すでにダーウィンも植物の世界で受精したばかりの花粉が胚乳の性質を変化させる「キセニア」について詳細な議論を展開していたが、一八六八年の『家畜・栽培植物の変異』のなかでは「他の雄に依って同じ母親から生れた仔に対し、最初の雄の影響が働いてゐることを明かに示す他の例も私に報告されてゐる」とテレゴニー現象に言及し、豚や騾馬繁殖の具体例を挙げている(8)。また、テレゴニー概念は欧米に広く流行し、米国ではのちに兄弟で「コーンフレーク革命」を起こすことになる医学博士ジョン・H・ケロッグも、当時高く評価され影響力を持った医学啓発書のなかで、いちど白人男性と性交渉を持った黒人女性は、後に純粋な黒人男性との間に子どもができても、その子どもは最初の夫の影響が認められ、より白い肌で生まれると明確に記している(9)。

『嫁入り前の処女の為めに』

テレゴニー説の輸入と流布によって、〈よりよい子孫〉の獲得のためには単に一夫一婦制を推進するばかりではなく、妻たる女性が性的な純潔、つまり処女であることを必須条件にしなくてはならないと考えられるようになった。優生思想と随伴知識の流入によって性規範にもたらされたのは、「純血」を守るための純潔のイデオロギーであり、それが表裏一体となって人びとに膾炙していったのである。

(2) 廃娼運動と優生思想

日本に優生思想が受容され、大正時代になって社会にも広く流行した思想となると、廃娼運動も優生思想を論理的根拠に据えるようになった。つまり、社会的な「正当」性を主張する性道徳規範が、「科学的見地」からも「妥当」であると保障させようとしたのである。

また、その背景として一九〇〇(明治三三)年頃より散発的に盛り上がりをみせていた廃娼運動が、一九一一(明治四四)年七月に起きた吉原遊廓の大火を契機に、国民的運動をめざす統一団体にまとめられた事実も見逃してはならない[10]。矯風会や救世軍などの各団体が廃娼運動の全国的組織として廓清会を結成したのである。その初代会長には、明治一〇年代より廃娼問題に取り組み、『毎日新聞』の社長でもあった島田三郎が就任し、副会長は安部磯雄と矢島楫子が務めた。廓清会の意義とは、これまで「基督教徒の宗教運動」と捉えられがちであった廃娼問題を社会全体の問題として提起したことに他ならない。廓清会機関誌『廓清』には、宗教の枠を越えた各界の著名人や社会主義者、知識人らなどが続々と寄稿することになった。

では、その廓清会と優生思想との関係をみていきたい。廓清会機関誌『廓清』には一九一六(大正五)年頃より優生思想のトピックが目立つようになってくる。富士川游や永井潜、石川千代松ら優生思想論者も『廓清』に一度ならず自論を掲載しており、さらに、一九一八（大正七）年九・十月合併号では「遺伝と環境号」と題した特集も組まれている。具体的に優生思想と廃娼運動の結びつきをみていくと、『廓清』に掲載された「民族衛生論」には、例えば「現今識者の痛切に憂慮するものは人口多寡の問題よりも人口優劣の問題である」と明言され、人口政策の視点がすでに量から質へとシフトしている様子を窺える。「民族衛生論」とは、この質を上げるために案出された論である。

一は民族の生活状態の改善を計りて民族自体の改善をはかるもの、二は民族の生殖に淘汰を加へ其子孫の優良をはかりて民族改善を期するもの、一を普通に社会衛生と呼び二を民族衛生又は優生学など〻称しをるが概して言へば両者とも民族の優良を期する点より論ずれば民族衛生に外ならぬ(11)。

「民族衛生論」は買売春を問題視する主張へと繋がっていく。というのも、軍隊における性病の罹患率の高さは日頃から取り上げられていたが、ここにきて性病に罹患した兵士が性病を家庭に持ち帰ることによって、将来の優秀なる「国民」を産むべき女性が「汚染される」といった思想が生じるに至ったからである。渡米経験のある日本基督教会の牧師であり、欧米の社会運動の動向に精通していた油谷は、この「民族衛生論」でも最先端の知識を披露し、陸軍衛生局の調査による「花柳病」の罹患率に触れた後で「民族衛生論」は、「是等はやがて純潔なる婦人と婚して其血液を毒するのである、子孫に伝はるべき病毒を植ゆるのであると思ふと寒心せねばならぬではないか」と、〈民族頽廃〉(degeneration)の恐怖を伝えている。そこでは当然、梅毒の感染源は娼婦とされた。

日本に於て斯る調査が能れば面白い研究になるであらふ。男子は快楽を追ふて不潔なる醜業婦を弄び、而して病毒を其純潔なる家庭のうちに移植し、不妊娠、死産、不具、病弱児等を発せしむるのである。恐るべきでないか。(12)

引用では「不潔なる醜業婦」と「純潔なる婦人」とが対比させられている。さらに、「純潔なる家庭」を「毒する」といった侵蝕の描出方法は、まさに優生学的な言説世界から構築されたイメージをもとにしているといえるだろう。こうしたイメージを喧伝し、かつ論拠としながら廓清会は、性病の温床となる公娼制度の批判を主張していくのである。

(3) 海外日本人娼婦と「民族衛生論」

科学的な装いのもとで語られる「民族衛生論」は、個人の性行為を「民族の消長」という論へ、いとも容易く飛躍させることで、「性」への注視を促すものであった。この「民族衛生論」は「劣等民族」との混血をもまた嫌悪する。

> 今日文明の国々に於ては、或は犯罪の痼疾となれるもの、或は白痴瘋癲の如きもの、或は乱酒性となれるもの等を隔離し、又は去勢法を施して、其害を後代に伝へざるを図り、血族結婚又は重婚を禁じ、或は劣等民族との結婚を禁じて以て民族自衛の道を計っておる、〔……〕吾輩も亦我日本民族の愈純良にして、愈雄健ならんことを欲するが故に、衷心よりして我日本民族の血液を毒する弊害を防がんことを冀ふのである、民族衛生の上より廓清を叫ばざるを得ぬのである。(13)

当時流行したテレゴニー概念を勘案すれば、一度でも他民族との性交渉を経験した者はすでに「混血」とみなされるのである。「純血」イデオロギーは、多様なエスニシティの男性に性を売る海外日本人娼婦へと敷衍されることになる。すでにみたように、海外日本人娼婦に対する批判は、まず第一に国家の体面への配慮を主たる理由としていた。批判者にとっても海外日本人娼婦の売春相手が外国人であることは自明であり、その是非に問題の矛先が向くことはなかった。だが、ここで初めて民族を問わない売春という非難が焦点として現れることになる。「露人たると支人《ママ》たると米兵たると独墺の俘虜たるとを問はず、笑を売り媚を鬻ぎ尊き節操を

るように強調するこれまでにはなかった視点が見てとれる。(14)

（4）シベリア視察報告

廓清会副会長に矢島楫子が就任したことが示すとおり、矯風会の女性たちはこれまで掲げてきた「在外売淫婦取締請願」の主張を機関誌『廓清』でも展開することになる。しかし、その主張は『廓清』に掲載される男性知識人らの論説に触発され、少なからず影響を受けており、優生思想もまたそのひとつであった。ここで矯風会の実施したシベリア視察報告に視点を移してみたい。

シベリア視察報告とは、ロシア十月革命への干渉を目的とした米伊仏日の東シベリア派兵——「シベリア出兵」最中の一九一八（大正七）年、ある米国婦人から矯風会に手紙が届いたことが契機となった。手紙は「米兵たちは彼地の日本婦人に誘惑される。どうか日本の母親たちは援助して喰いとめてほしい」と訴えるものであった。(15)数十年来「在外売淫婦」の取り締り請願に力を注いでいた矯風会はこの手紙を受け取り、すぐさま矯風会幹部の三名をシベリア視察委員として派遣することを決定する。矯風会の心情は「日本の母親として」そのような状況を「捨てては置かれぬ」というものであった。(16)

矯風会が一九一九（大正八）年の極寒の二月にシベリア視察のため選出したのは、林歌子（矯風会総幹事）、宮川静枝（矯風会本部職員）、バプテスト教会の宣教師メアリ・アン・クラゲット（慈愛館理事）だった。シベリア全土を見渡せば「六千人の日本婦人中五千人が売春女性である」(17)とクラゲットが視察中に出した手紙には書かれている。当時のシベリアで日本人娼婦が目立った存在であったことは間違いなかった。

さて、帰国した翌月から二ヶ月、林歌子が『廓清』へ視察報告を載せている。そこでは、「之［醜業婦――引用者］は何れも数ある商売の内で、最も恥辱であって、吾々同胞のものが海を越えて彼地に歩って身を売り、血を汚して居るのであります」と血を汚す行為として売春が捉えられ、さらに、「視察に参りました西比利亜地方では、支那人の妻になって居るのもありますが、大部分は一夜色を漁らせると云ふのであります」と視察で得た状況に加えて、「醜業婦の中には斯様の事を申して居るさうです、妾等は海を歩って来て働いて居っても、親も承知である、金を獲れば兄弟にも送金して居ると斯う臆面もなく云ふて居るさうです」と伝えている(18)。こうした状況に接し、「恥《はずか》しい振舞を何とも思はぬ」女性を「根絶」するためには教育が必要であると林は痛感するに至る。林にとって、シベリアでの「醜業婦」の所業は低い女子教育の所産にほかならず、実際に、これ以降の矯風会は運動方針として「貞操教育」を全国に普及させることを決定する。

さらに、この視察報告によって前節で論じた「民族を問わず」の問題が取上げられた。林は

「西比利亜に往きましても私の調査した所では醜業婦の売淫は多くは露西亜人、支那人の労働者に売淫させる」と視察した状況を述べ、付け加えて、

人間生活上一家の幸福と云ふものは一夫一婦の制度が原則になって居ります。之に反して清き血である同胞姉妹が海を渡って迄、見知らぬ異人に売淫すると云ふ事は、最も大なる罪悪であると云ふ事を知らぬからでせう。[19]

と、「見知らぬ異人」を相手に売春する行為を「最も大なる罪悪」と断言している。しかも、「人間生活上一家の幸福」は「一夫一婦制度が原則」であるのならば、海外にいる日本人娼婦は家庭というもうひとつの側面でも「罪」を犯していることになる。つまり、海外日本人娼婦は家庭の純潔と国民の純血を二重に穢す存在と見なされてしまうのだ。

(5) 天草・島原調査報告

シベリア視察を通して矯風会が痛感したのは、「売淫婦の根拠地に向って、貞操の教育を施さねばならぬ[20]」ことであった。「売春の根拠地」とは島原、天草、佐賀地方を指していた。視察報告後、矯風会はあらためて「売淫婦の根拠地」と目した地域の問題に取り組むことになり、

シベリア委員会は「海外醜業婦防止会」と改称されることになる。ところで、シベリア視察の直接の契機は米国婦人からの手紙であったが、間接的には当時内務省の嘱託であった布川孫市（静淵）が『婦人公論』二月号に寄稿した「日本婦人の面汚し」に促された行動でもあった[21]。この布川の文章は、海外――特に東南アジアと中国――に在住する日本人娼婦の「普及」を報告したもので、世間に少なからず波紋を投げかけていた[22]。

矯風会は、「売淫婦の根拠地」とされた島原、天草、佐賀の実地調査をこの布川に依頼した。島原と天草を見聞した布川の調査報告は一九一九（大正八）年九月に一冊に編纂され、全国に配布されることになった。この調査報告のなかで、布川は福沢らが考えた日本人男性の「性的慰安」のためなら娼婦の海外移住も認めるべきとする論に反論する。これは福沢に限らず「男子少壮にして独身海外に渡り、事業を経営し又は労働を為す場合に於て、異性の慰楽を欲するは生理的自然の要求にて、〔……〕醜業婦も亦必要ならずや」という論が常に存在していたからであった[23]。布川は海外にいる日本人娼婦の相手が日本人男性ではない点を強調する。

大多数の酌婦は同胞たる日本の男子を相手にせぬことを原則として居ることを知らねばならぬ。〔……〕日本人の慰楽となる為めに海外醜業婦も必要なりとの説は、未だ事情を知らぬもの、臆説に過ぎない[24]。

この主張に際立つのは、植民地公娼制度に組み込まれた女性とそうでない女性との弁別である。日清・日露戦争を経て、海外膨張を方針とする日本政府主導で植民地あるいは租借地に公娼制度が導入され、また、「清国」と朝鮮は「移民保護法」による「醜業婦」の海外渡航禁止の適用除外とされていたため、内地の公娼制度と同様に娼妓奉公の仲介業者は何ら咎められることなく日本人女性を連れ出すことができた。そのようなザル法の目的は日本人男性への管理された「性」の供給であったが、布川は先に見たようにそのような目的には適っていないことを力説する。

そして、島原・天草の地域は「売淫婦の根拠地」であるからして、「さらに此地方に何等格段の事情存するや、今其の調査せる所の一班を述べやう」と記し、布川は島原と天草の「歴史的事情」に注目する。「即ち天草と島原との地勢に加へて、長崎港に於ける居留外人に奉公せる歴史的事情を看過してはならぬ。徳川氏三百年間、長崎は本邦唯一の外国貿易港にて、外国的気分は独り長崎附近に於てのみ味はれたのである。天草や島原は片田舎であるが、長崎とは距離に於て極く近く、外人崇拝心を煽る空気内にあったのである」と、鎖国時でも唯一海外へ開かれていた歴史的事情がそこで遡行され、外国人に親しんでいたことが取り沙汰される[25]。そのような「空気内」に満たされた地域の「外人崇拝」の物的証拠として「混血」が注視されることになる。

天草及び島原には私生児が多い。特に天草に酷《きび》しい。海外より帰る女は往々混血児を伴ひ来る。其の数は一村に十五六人に上るものもある。当人は之を以て、恰も軍人が金鵄勲章を貰ひたる如く心得、郷党亦之を卑しめず、群童に伍して、小学にも通ふ、由来私生児多き地なれば之を怪しまぬのである。〔……〕されば天草女島原娘の連れ帰る混血児にも独逸種、米国種、和蘭種、露西亜種、支那種、其の他雑多に亘ることは言ふまでもない。英国人は植民地にありても一般に混血児を産ましむることは最も少なく品性高きを以て有名であるが、本邦の海外醜業婦は世界中の種を持って来るのは情けない話である。[26]

たしかに海外日本人娼婦の先駆けとして洋妾が存在し、洋妾の前段階として長崎出島における名附遊女と呼ばれる遊女との連続性が見いだせることを斟酌すると、開国以前から外国人との性的雇用関係が成立していた長崎や天草という地域の歴史的・地理的な特異性が出稼ぎの女性らを生み出す背景となったことは否定できない。だが、矯風会は海外の日本人娼婦に対して会設立初めより「在外売淫婦」と蔑称し、政府へ取り締まりを請願していたが、かれらが出稼ぎ女性へ向ける憤りは、あくまで経済的営為の手段として売春することを「恥」としない女性への蔑視から噴出したもので、とりたてて売春の相手が外国人であることに注意は払われてこなかった。しかし、布川が調査をした一九一九（大正八）年という時代にあっては、むしろ外国人相手に売春することこそが焦点化されるようになる。それは「混血」という言葉に象徴される、「日本民族の純潔なる血」を汚す行為の現場として捉えられたに他ならないからであった。

本書では、国内の芸娼妓にまつわる言説が海外〈出稼ぎ〉女性へと敷衍された場合の事例や、海外〈出稼ぎ〉女性に特化した主張に焦点をあて論じてきたが、本章では、とりわけ一九一六（大正五）年頃より廃娼運動団体である廓清会の機関誌『廓清』で頻繁に取り上げられた「民族衛生論」、すなわち優生学的視点の論説を海外〈出稼ぎ〉女性との関係から検討した。

すでに先行研究では、廃娼運動に優生学的見地が流入されたときに、売春に従事する女性とはそもそも「優生学的に劣等」な異質「種」であるとの見方が形成され、「それまでの宗教的・倫理的な立場からの娼婦への非難と排撃に加えて、『科学』の権威づけによる反娼婦論が登場」したと指摘されている。(27)

優生学とは、計量科学的な装いのもとに、「民族」を優劣性の言説で競合関係に置き、優秀で純粋な「種」をいかに維持するかが国家の盛衰を決すると説く論であった。その論理が、矯風会の訴える海外の日本人娼婦へ敷衍されたとき、もっとも問題視されたのは、「民族」を問わずに売春をする行為であった。それは先にも見たように、植民地公娼制度によって管理される「性」／管理されない「性」――つまり、日本人男性のための「性」なのか、そうではないのか――といった区分がより明確にされ、他方、「日本民族」以外に売春をする行為は、「他民族」との混血によって「純血」である「血」が汚されるといった嫌悪や恐怖へ容易に転化することになった。優生学の影響をうけ民族混交を忌避する廃娼運動の言説は、娼婦を日本人男性のために囲い込もうとする公娼制度のもくろみと、血の純潔を語る地点で足並みをそろえる。

こうした思想を抱えて島原、天草の調査に臨んだ布川の眼前に現れた光景は、長崎での外国人との性的雇用関係の確立に伴う、出稼ぎの風習、また、「混血児」を連れ帰っても「郷党之を卑しめず」という空気であった。つまり、歴史的にも地理的にも特異な条件が重なった土壌に培われた島原、天草の「文化」がそこにはあったのである。しかし、布川にとって、「世界中の種」を日本に持ち込む者は「九州の片田舎の娘、無学文盲の低級者」としてしか映らなかった[28]。

この調査報告は、『海外醜業婦問題　第一輯　天草島原之部』としてまとめられ何千部と印刷されて、講演会や五銭袋の材料に使われ全国へ配布されることになる。また、この調査報告によって、島原、天草の女性が海外へ出稼ぎをしに渡航する気風と習俗があるといった喧伝がされるようになった。それは、海外日本人娼婦イメージの固定化につながり、また「日本人」女性という「国民」の問題ではなく、九州の一地方の習俗の問題として矮小化されるという側面も同時に併せもつことになったといえよう。

註

（1）加藤秀一『〈恋愛結婚〉は何をもたらしたか――性道徳と優生思想の百年間』ちくま新書、二〇〇四年、一〇二頁参照。
（2）大鳥居奔三・澤田順次郎『男女之研究』光風館書店、一九〇四年、一四〇頁。
（3）大鳥居・澤田、前掲書、一三七－一三八頁。
（4）永井潜「民族衛生より観たる結婚の改良」『婦人公論』一〇月号、一九一七年。
（5）Friedrich Leopold August Weismann, *The Germ-Plasm: A Theory of Heredity*, tr. by W. N. Parker and H. Ronnfeldt (Bristol: Thoemmes Press. [1893] 2003). 383.
（6）川村邦光『オトメの身体――女の近代とセクシュアリティ』紀伊国屋書店、一九九四年、参照。
（7）澤田順次郎『嫁入り前の処女の為めに』天下堂、一九二〇年、一七一－一七二頁。
（8）チャールズ・ダーウィン『家畜・栽培植物の変異（上）』永野為武・篠遠喜八訳、白揚社、一九三八年、七二一－七二二頁。
（9）John Harvey Kellogg, *Plain Facts for Old and Young: Embracing the Natural History and Hygiene of Organic Life* (Burlington, Iowa: Segner and Condit. 1877), 147.
（10）伊藤秀吉『日本廃娼運動史［復刻版］』不二出版、一九九五［一九三一］年、二三二－二三三頁参照。
（11）油谷治郎七「民族衛生論」『廓清』六－四、一九一六年。
（12）油谷治郎七「民族衛生論」『廓清』六－四、一九一六年。
（13）油谷治郎七「民族衛生論」『廓清』六－四、一九一六年。
（14）江南「伊藤秀吉の筆名――引用者」「西比利亜出稼醜業婦の跋扈」『廓清』九－三、一九一九年。

(15) 久布白落実『廃娼ひとすじ』中公文庫、一九八二［一九七三］年、一三二頁。
(16) 久布白、前掲書、一三二頁。
(17) 日本キリスト教婦人矯風会編『日本キリスト教婦人矯風会百年史』ドメス出版、一九八六年、三六八頁。
(18) 林歌子「西比利亜に於ける我同胞の実状」『廓清』九-三、一九一九（大正八）年。
(19) 林歌子「西比利亜に於ける我同胞の実状（二）」『廓清』九-四、一九一九年。
(20) 林歌子「西比利亜に於ける我同胞の実状（二）」『廓清』九-四、一九一九年。
(21) 布川静淵「日本婦人の面汚し――海外に於ける日本醜業婦の近況」『婦人公論』二月号、一九一八年
(22) 久布白、前掲書、一三二頁。
(23) 日本キリスト教婦人矯風会編『海外醜業婦問題 第一輯 天草島原之部』一九一九（大正八）年（［編集復刻版］『買売春問題資料集成 戦前編 第二巻』）不二出版、一九九七年 所収）、五五-五六頁。
(24) 日本キリスト教婦人矯風会編、前掲書、五五-五六頁。
(25) 日本キリスト教婦人矯風会編、前掲書、二二頁。
(26) 日本キリスト教婦人矯風会編、前掲書、三九-四一頁。
(27) 藤目、前掲書、三一七頁。
(28) 日本キリスト教婦人矯風会編、前掲書、五六頁。

終章

森崎の『からゆきさん』に、ふたりの対照的な元からゆきさんが登場することは序章で触れたとおりである。いま少し具体的に述べてみたい。ひとりはおキミという老齢のからゆきさんで、天草で生まれたが、五、六才の頃に浅草に養女に出され、一六才の時に養父母に売られたとある。本書でも説明したが、「売られる」ということは明治以前からの風習であり、昭和に入ってもみられる光景であった。「売られる、ということばは、日々人の口にのぼっていたが、それは口べらしにされるというほどの意味合いであった。売られた者もまたそのおかげで、どこかで食べてゆけた」(1)とあるように、民衆の日常に深く食い込んでいた。

しかし、一六才の時おキミは李慶春という朝鮮人に買われて朝鮮に渡り、そこで「おショウバイ」をすることになる。明治も末の頃で、「おショウバイ」は朝鮮鉄道の敷設工事現場の付近に建てられた小屋で行われた。粗暴な日本人に使役されている朝鮮人工夫らが毎晩、おキミたちへ日頃の日本人への憎しみをぶつけた。おキミはこの時の経験によって戦後、日本に帰国した後に精神的な病いを抱えることとなる。

もうひとりの元からゆきさんは、森崎が天草を訪れた時に出会った老女である。「椿の咲く港の、段々畠のほとりで老女が地蔵さんを洗っていた。南洋に働きにいっていたので子どもはいない、とのことであった。老女は『働きにいったちゅうても、おなごのしごとたい』と、ことなげにいったのである」[2]。老女のこの態度は森崎に強い印象を与えた。おキミとあまりに対照的な女性に会った後、森崎は地元福岡に帰り、「おキミさんはほんとうに天草の方なの」[3]とおキミの養女である綾に尋ねている。そして、森崎はあることに気付く。

> わたしは幾度かの旅によって、ようやく気付きはじめた。「戦争まえと戦争あととは、ころっとかわった」と村の古老たちが語るそのかわったものの内容に。(中略)おそらく明治のころはもっともっと村びとの心のありようはちがっていたことだろう。わたしが統計などをとってみた明治三十五年以降の十年間の、いたいけな娘たちの心のふるさとは、いま見るこの風土とはどこかちがっていたにちがいないのである。[4]

森崎が柔らかい文体で書く内容は、しかし重要な示唆を含んでいる。金銭授受を伴う性行為を一般に売春というが、そもそもそれは個人(間)の経験でもあり、その経験は人によって千差万別である。だが、それでもそうした「おショウバイ」、「おなごのしごと」が歴史的、社会的文脈から全く切り離して個人の経験にのみ還元できる事柄でないことが、上の森崎の文章から浮かび上がってくる。

（1）各章のまとめ

本書を通して検討してきたのは、からゆきさんの行為、ひいては個人の「性」というものが、歴史のなかでどのように言説化され、また推移し、利用されてきたかということであった。以下、本書のこれまでの議論を各章ごとにまとめておきたい。

第1章では、近世までの人身売買の歴史とその意識の変化を検討した。豊臣政権にはじまり徳川政権に入ってより広く推し進められた人身売買から年季奉公人化への流れが遊女や飯盛女にまで普及すると、契約の内実は身売りと変わらずとも、人々の意識が「身売り」から「奉公へ出す」という認識の変化を促したことを、先行研究をたよりに確認した。開国後に海外へ〈出稼ぎ〉に行った女性たちの労働は近代的な労働観に基づいたものではなく、この奉公の流れの中に位置づけられるが、そうした認識が広く共有された社会において「出稼ぎ」と「身売り」は明確に区別し得るものではなかった。また、併せて近世の公権力と庶民の売春への対応とその論理をおさえたが、そこでは売春への倫理的判断の欠落と、経済の論理のみで売春を捉え利用する公権力の姿勢が顕著であった。続く第2節で、欧米の知識や性規範が流入する以前の江戸社会における芸娼妓たちの状況を、外国人の見聞記を通じて確認したが、年季を務め上げれば「通常社会」に戻る道があった当時の売春への意識と、そうした社会経済構造のなかに女性がしっかりと組み込まれていたことが浮かび上がったかと思う。

第2章では、まずいち早く海外に〈出稼ぎ〉へ出た女性たちが多く出現した長崎の歴史と地域的特性を描き、開国後の横浜の事例も確認した。女性たちは「より稼ぎがいい」欧米人たちと雇用関係を結び、あるいは海を渡っていったが、それは近世から連続する根強い娼妓渡世の観念を女性を取り巻く社会が内面化していたがゆえであり、同時に公権力がそうした通念を利用した結果でもあった。第3節から第5節では、女性たちが具体的にどのような状況と手段で海外渡航をしていたのかを検討し、人身売買のネットワーク（幇助者側）の中に女性もまた組み込まれていたことを確認した。だが、これは人身売買のネットワークが本来的には男性主導であったことが前提であり、それは当時の誘拐や「密航婦」摘発記事での幇助者の男女数にも、かつ記事中の文言の温度差にも明らかであった。

第3章では、開国以降の明治政府の公娼制度と、海外で問題化した日本人娼婦の対応を概観した。開国以降、欧米から管理買売春制度と衛生概念を学んだ知識人や役人たちは日本の公娼制度を廃止ではなく、娼妓に鑑札を付して税を徴収し、検黴を義務づけるといった近代的なシステムに再編していった。続く2節、3節では、政府の管理買売春の思惑を超えて海を越えた日本人娼婦の増加が上海で問題となり、対処を迫られた上海領事館と明治政府の対応を検討し、国家の体面を気にした両者の意図が罰則規定によって女性たちを取り締まる方針であったことをみたが、その後、日本の対外膨張に伴って方針転換がなされたことを確認した。「日本婦女保護法案」を撤回し、売春を目的とする女性を処罰対象としていた移民保護法に、朝鮮と「清国」のみ適用除外を設けた政府の意図とは、日本人男性のための管理された女性の身体の「供給」であった。植民地や占領地へ次々と国内の公娼制度に準じた法令を整備していった背景には、日本人男性の移動と定住を促すためには女性の性的慰安が必要だとの認識があったからであった。

第4章では、存娼派と廃娼派の芸娼妓をめぐる言説と対外膨張政策における反応を検討し、開国以降の公娼制度をめぐって議論された存娼派と廃娼派の主張とその主張的背景を考察したが、両者が「婦人」あるいは「妻」の立場を向上させるために、芸娼妓蔑視観ともいえるイメージを共有し、本来は存娼派と廃娼派として反発しあうはずの両者の主張に親和性があったことを確認した。また、第3章でみてきた対外膨張に伴う政府の海外の日本人娼婦に対する方針転換とその後の政策に、それを後押しする存娼派の言説が重なることは言を俟たないが、廃娼派の批判言説もまた、外国人を売春相手とする日本人女性を想定していたために、「家族的膨張」のために海外の日本人娼婦を取り締まるようにとの提言が、植民地や占領地で管理下に入らない性（＝私娼）を取り締まる動きと連動するものであり、思いがけず政府や存娼派の意図と重なり、対抗言説として何ら効力をもちえなかったことを考察した。

さて、第5章では、芸娼妓入会をめぐって誌面論争へと発展した愛国婦人会と『婦女新聞』

の議論を取り上げた。前章で確認したように、膨張主義が政府のみでなく民衆レベルにまで浸透する社会状況の中で、日露戦争を契機に拡大していく愛国婦人会と、愛国婦人会への賛意を示しながらも芸娼妓入会を批判する『婦女新聞』とのやり取りは、軍事援護団体である愛国婦人会を媒介にして「国民」へと女性が組み込まれていく過程で、「近代家族」の一員である「婦人」と娼婦に序列がつけられ、娼婦が周縁化されていく様相を呈していたことを示した。また同時に、ゆるやかに連続していたそれまでの芸娼妓と妻との境界が、入会拒絶という現実によって断絶されるという、〈旧来の性意識〉と近代的な性規範の相克をも露にしていたことも明らかにした。

最後の第6章では、優生思想の流入が廃娼派たちの言説とどのように結びつき、いかなる帰結をもたらしたかを検討した。日清・日露戦争を経て膨張主義に邁進する日本で、より「科学的」に廃娼運動を支える思想として優生思想が用いられたとき、海外にいる日本人娼婦の売春相手が外国人であることがはじめて焦点化されたことを指摘した。優生思想によって「性」が「民族」と結びつき、外国人を売春相手としていた彼女たちの行為が、「純血」と「純潔」のどちらもが汚される行為としてみなされたのだ。このイメージと論理は、優生思想流入以前にはみられなかったものであった。さらに矯風会が組織したシベリア視察団の報告をきっかけに、はじめて島原、天草への調査が行われたが、鎖国時から外へ開いていた長崎との関係のなかで培われてきた〈出稼ぎ〉や外国人との交流が、「低俗な」風習として取り沙汰され、こうした調査報告によって海外の日本人娼婦のイメージは一地方の習俗の問題として固定化されるに至る要因ともなったのだった。

以上の章をもって本書は、日本人〈出稼ぎ〉娼婦をめぐる言説と政策、そしてそうした女性たちが出現するに至った歴史的背景である人身売買の歴史と性意識の一端を考察してきた。開国以降、国家、存娼派、廃娼派、軍事援護団体、およびメディアにおいて、常に女性の「性」がその身体から切り離され、日本国家や日本人というエスニシティとともに語られてきた。各自の思惑は様々なれども、日本という国家を最優先とするナショナリスティックな感情に根ざしている点では共通していた。歴史的な経緯のなかで、国家、一夫一婦制、性規範、処女性、エスニシティ、優生思想といった概念が複雑に絡み合いながら徐々に日本人〈出稼ぎ〉娼婦に対するまなざしを変化させていったが、森崎が出会ったおキミと、からゆきさんとしての体験を「こともなげに」初対面の森崎に語る老女とのその隔絶の有り様は、からゆきさんが徐々に周縁化されていく存在となったことの証左でもあった。

（2）森崎と山崎の比較を通じて

山崎の『サンダカン』執筆のきっかけが『ドキュメント日本人 5 棄民』に所収された森崎の「からゆきさん――あるからゆきさんの生涯」であったことは序章で述べたとおりである。

エリート女性史へのアンチテーゼとなる「底辺女性史」の題材を探していた山崎は、森崎の記述を通じてからゆきさんと「出会った」。山崎がからゆきさんに見出したものとはなんだったのか。

［なぜ〈からゆきさん〉に執心するのかというと――引用者］かつて天草や島原の村々から売られて行った海外売春婦たちが、階級と性という二重の桎梏のもとに長く虐げられてきた日本女性の苦しみの集中的表現であり、ことばを換えれば、彼女らが日本における女性存在の〈原点〉をなしている――と信ずるからである。(5)

山崎にとってのからゆきさんとは、「階級と性の二重の桎梏のもとに長く虐げられてきた」日本人女性の〈原点〉であった。山崎はそれを「二重の桎梏」と述べる。だが、ここには、階級と性と日本人という三つのカテゴリーがあることに注意すべきである。というのも、山崎は売春相手のエスニシティによって売春婦に序列を持ち込んでいるからである。

俗謡や踊りなどの芸を売物に酒席にはべる芸者を上として、下には東京の吉原・州崎・新宿などの遊郭に働く公娼や場末の街の私娼があり、さらにその下には、日本の国土をあとにして海外に連れ出され、そこで異国人を客としなければならなかった〈からゆきさん〉

という存在もあったからだ。そして、これら幾種類かの売春婦たちのどれがもっとも悲惨であったかと問うことは、あまり意味をなさないことかもしれないが、それでもあえて問うならば、おそらく誰もが、それは海外売春婦であると答えるのではなかろうか。(6)

注目すべきは、山崎がいう「異国人」とは、「ヨーロッパ人」や「アメリカ人」ではなく、「主として中国人やさまざまな種族の原住民」を意味していたことである。からゆきさんが売られていった国は、「日本よりももっと文明が遅れ、それ故に西欧諸国の植民地とされてしまった東南アジアの国ぐに」であり、(7)山崎にとって、彼らは「ことばは通ぜず、肌の色は黒く、立居振舞いの洗練されていない原住民の男」として映っていたがゆえに、そのような男を相手にすることは「おそらく非常な屈辱感を味わったにちがいない」と、からゆきさんの心情を斟酌している。(8)

しかし、山崎が三週間もの期間、寝食を共にするなかで聞き書きをしたおサキは自分の体験を以下のように述べている。

事が済んですぐに「プラン［帰れの意味——引用者］」言うても、怒る土人はひとりもおらんじゃった。土人はうちらを大切にしてくれての、手荒なことなど絶対にせん。（中略）みんな良か者の気性ば持っとった。あれのほうも、あっさりしとって一番よか。土人にくらべて二番目によかったのは、メリケン人やイギリス人じゃ。支那人は親切ではあるばって、あれが長うてしつこうして、ねまねましとる。日本人はな、うちらにも内地が恋しいか気持ちのあるけん、誰もが喜んで客に取ったが、ばってん、客のなかで一番いやらしかったのと違うか。うちらの扱いが乱暴で、思いやりというもんが、これっぱかしも無かったもんな。(9)

一八九六（明治二九）年生まれのおサキは一〇か一一才の頃にボルネオのサンダカンに渡航し、一三才で初めて客をとらされたので、引用の経験は一九〇九（明治四二）年以降のものである。この時期にはすでに海外膨張へと舵を切った日本政府が、日本人男性のための女性の「供給」と管理を優先し、植民地、占領地以外の地域にいる女性たちの「保護」を放棄していた。また当時の彼女たちに対する言説空間がどのようなものであったかはすでに確認してきたとおりである。そうした集積が、おサキの言葉に如実に表れているとはいえないだろうか。しかし、このおサキの体験を書き留めながらも山崎は全く「聴いて」いないかのように、自身のからゆきさんへの思いを綴っているのが先ほどの引用である。

山崎のこうした態度は何ら疑問に思われることなく『サンダカン』はベストセラーとなり広く認知されていった。山崎の思い込みを付与されたからゆきさん像を受容し消費していく社会に対して、森崎は一九七四（昭和四九）年、『現代の眼』に「からゆきさんが抱いた世界」を書いて批判をしている。当然、こうした認識を流布した山崎自身にも批判の矛先は向いているといっていいだろう。

ところでこうして定着しているもの（からゆきさんという観念に今日まで残っている出稼ぎ観——引用者）を、外部へ秘めさせるようになった。私はその契機に、たとえば炭鉱の人々が抵抗しつづけてきたものと同質の社会の目を感じている。それは近代化された生活と意識に立って、前近代的生活原理をものめずらしげに眺めやる目である。それを利用して近代化を推し進めてきた者の持つ、特有の目である。いたましげに寄りそいつつ、自らの生活態度をくずそうとはしない市民的なまなざしである。[10]

森崎の批判を読むまでもなく、山崎が内面化し、端なくもからゆきさんに投影した性意識とは、本書で追いかけてきた、まさに開国以降に国家と知識人、そして興隆する近代家族の人々が吸収し、内面化し、喧伝をした意識そのものであることがみてとれよう。加えて先ほども触れたように、山崎の意識からすっぽり抜け落ちているのは日本国家である。時代を考慮すればそれは対外膨張に象徴される植民地主義とも言い換えられよう。だが、そもそも山崎の執筆のきっかけになったはずの森崎のエッセイの主題はそこにこそあったといえるのだ。

(3)「日の丸」を背負ったからゆきさん

山崎の執筆のきっかけとなった「からゆきさん――あるからゆきさんの生涯」の内容を簡単に説明したい。エッセイの主軸である島木ヨシは、一八八六(明治一九)年に天草南端の村の炭坑で六人兄弟の中に生まれ、日清・日露戦争後、一九才の時にそれまでの好景気の反動で不況に陥った炭坑を出てシンガポールへ奉公にいくことを決めて海を渡った。ヨシはシンガポールで働くなかで、上海の方がつとめが楽で金になるという噂を聞き、苦心しながら五年ほどかけて五円を貯めて密行し、上海で外人相手の爪みがきとマッサージを行うイギリス人の店に住み込む[11]。このエッセイでは、シンガポールでヨシが五年の間従事していた「おんなのしごつ」の詳細や状況は一切述べられない。「あるからゆきさんの生涯」という副題が示すように、このエッセイはヨシという一人のからゆきさんの生涯を描くことを目的としており、より多く紙幅が割かれるのも、ヨシが日本人の女ふたりを雇い入れてマッサージ店を開いた後の人生である。

海を渡ったヨシが上海やシンガポールで強く心に刻んだのは、「日の丸」のちからであった。上海では、「日本人だということだけで、外人も支那人も大事にしてくれた」という[12]。ヨシはよく人々に、「日の丸のおかげで、どがしこ助かったかしれん。日本のなくなることどもあるなら、わしは舌かみきってでん死ぬど(13)」と言っていた。「日本がなくなる、とは植民地となることを意味(14)」していたという。ヨシの言葉からは外国で出稼ぎをした女性たちが、多かれ少なかれ日本という国家と自身の関係を意識せざるを得ない状況であったことが見受けられる。シンガポールでマッサージ店を開いたヨシは雇った女たちに自分が日本人であることを自覚するべきだと常々伝えていた。それはヨシ自身が「日の丸」として見られた体験に裏打ちされていた。

わたしは五円玉いっちょにぎりしめて、きもの一枚持たんまま上海に逃げたとき、つくづく思ったね。外人の店に走りこんで、日本人です働かしてください、といったとき身にしみたね。外人はわたしを日の丸だとみたよ。おなごが来た、という顔はせんだった。あげな顔するのは、日本の男たい。
あんたら、自分は日の丸じゃと思わな。ええか。あんたらがそげえ思ったなら、もうしめたもんたい。ええかげんなことはでけんごつなる(15)。

日本の外交政策が陰に陽に海外で生きる自分に影響を及ぼすことをヨシは体験から十分に理解していたのだ。自分へのまなざしと待遇はヨシが「日本人」であるからこそだった。だからこそヨシは「日の丸」に恥じないように自分たちの行動を律し、海外でマッサージ店を営む自

シンガポールのからゆきさん（理性院大師堂提供）

分たちの行為を「民間外交」と名付けたのである。しかし、侵略戦争に突き進む日本は、そんなヨシの「民間外交」をなしくずしにしていった。ヨシは失意のうちに日本に引き揚げ、天草で余生を過ごすも最終的に自死する。

ここには、愛国婦人会へ献金をした多くのからゆきさんのように、ナショナリズムを内面化し愛国心を発露していく「日本人」の姿が描かれている。それは当時の人々から「醜業婦」としてまなざされることで、彼女たち自身もそのまなざしをある種のハビトゥスとして身につけざるをえなかったがゆえに、より強化された心情でもあった。しかし、彼女たちが心の拠り所とした「日本」、あるいは「日の丸」は、決して彼女たちを顧みることはなかった。森崎のこのエッセイが『ドキュメント日本人』シリーズの『棄民』に所収されている所以である。

だが森崎は、海外の地にいて、日本人アイデンティティを身につけざるをえなかった彼女たちの思いが結局国家に報われることはなかった、という単純な「悲劇」の物語としてこのエッセイを描いたわけではなかった。「国が失うなったらみじめじゃ」とガンジーの不服従運動に共感していうヨシの言葉を「これは体験から出たナショナリズムで、こうした心情はからゆきさんの献金などにも通じている。支配の側はこの動向を次第に絶対主義的侵略に結びつけていくのである」[16]と国家が彼女たちを利用していく様を描きつつ、他方で、彼女たちが「日本人」として自らを自己同一視するがゆえに帯びてしまう膨張主義の体現者となっていることも見逃さなかった。

からゆきさんはその苦界を民間外交などとも言って、事実、まことに深部をえぐる外交を心に感じとってきた。それは近親者などへ少なからぬ影響を及ぼしていることを聞き歩きの折々に感じさせられる。が、その体験さえ、侵略戦争とさまざまな形でつながっている。日本が植民地とした朝鮮へ売られ、売られつつなお「日の丸」であったからゆきさんの話をうかがったりもしたけれど、からゆきさんすら一椀のめしを現地の民衆とうばいあう関係のなかにいたのである。[17]

日本の膨張主義に利用され、その渦に巻き込まれたからゆきさんは単に抑圧された「被害者」に留まらない輻輳する「民族」やジェンダー間の軋轢の中に放り込まれた女性だった。

森崎のエッセイには、元からゆきさんであったサトという人物が登場する。サトは第二次大戦中に香港でイギリス人の夫が抑留されたために、昼間は華僑の電気器具卸店で通訳をし、夜は「慰安婦」の監督をしていたという。サトの監督下にあった「慰安婦」は中国人女性二〇名、朝鮮人女性五名で、相手は日本軍人だった。サトは日本人を「だいっきらいですね」と言った後に次のように続ける。

慰安婦たちも銃でおどすからしかたなしにつとめていたけれど、だれでも日本の男を腹の中で軽蔑してましたよ。軽蔑されてもしかたがないですね。なかみがないくせに、尊大な様子をしたがって。あたしは恥かしくてしかたがなかった。慰安婦だからって、軽蔑できませんよ。誰だって、いつ、その立場に立たされるかわかりません。人間ってのはそんなことで値うちが決まるもんじゃないんですからね。（中略）あたしは主人が香港で死んだので、しかたがないから天草にかえってきて恩給でくらしていますけど、できるだけ日本人と深い交際はせんことにしとります。（中略）友だち？　この近くに外国がえりがあたしを入れて五人いますよ。その人たちとつきあっています。みんなも日本はせせこましくて、日本の人間は肝がちいさくてかなわんといってますよ。[18]

森崎のエッセイに登場するサトの言葉はふたつのことを示唆している。ひとつは、「外国がえり」の彼女たちがすんなり元の生活に同化することが難しかったのは、「外」での経験によって日本および日本人男性への違和感と批判が彼女たちの内部に芽生えていたからということ。ふたつ目は、日本人男性の尊大さを非難しながらも、サトの「慰安婦」監督という立場が示すように、「慰安婦」である朝鮮人女性や中国人女性に「同情」と「共感」を覚えつつも、日本人であるサト自身はその女性たちと同じ境遇に身を置くことがなかった――つまり、連帯できなかった――ということである。

だが「底辺女性史」を執筆したいと願う山崎は、からゆきさんが持つこの輻輳性と軋轢には目をむけなかった。山崎は次のように述べる。「からゆきさんという存在が近代日本国家の採ったアジア侵略政策の痛ましい犠牲者なのだということは、誰の眼にもあきらかであろう」[20]と。そして、「日本人軍隊慰安婦が相手とした男性は外国人ではなくて同じ日本人であったけれど、しかし海外に流浪してその肉体を売らねばならなかった点では、かつてのからゆきさんといささかも変わらなかった」として、「慰安婦」をからゆきさんと安易に重ね合わせてしまう。からゆきさんに植民地主義的輻輳性を見出し、彼女たちが膨張主義の体現者となってしまったことを描いた森崎の意図がこれまでほとんど注目されてこなかったことを鑑みれば、こうした認識は山崎ひとりに帰すべき問題ではなく、より根深い問題として捉えるべきなのだろう。[21]

森崎は「からゆきさんが抱いた世界」を『現代の眼』に掲載した後、下書きをしていた原稿を書き換え、『からゆきさん』を世に出した。そこには、朝鮮鉄道の敷設工事現場で日本人に日々使役される朝鮮人工夫らの恨みをぶつけられ、精神的な病を抱えるおキミの話が書かれているることはすでに触れたが、これは、上海へ密行したヨシが「日の丸のおかげで、どがしこ助かったかしれん。日本のなくなることどもあるなら、わしは舌かみきってでん死ぬど」[22]との感慨の、まさに表裏を為しているといえる。

言い換えれば、植民者である「日本人」を否応にも帯びてしまうがゆえに朝鮮人男性からぶつけられる憎しみは、「抑圧された性」のみでは決して捉えることはできないのである。すでに輻輳する地点に立つからゆきさんの姿を見定めていた森崎は以下のように述べる。

もしからゆきさんから「唐」体験をのぞくなら、国家の侵略主義に結びつけられたことから来る心の屈折は失せるだろう。また、もしそのアジア体験から国家の侵略主義をのぞくことができるなら、男に性をもてあそばれ商品化された苦痛のみに終止できたろう。[23]

からゆきさんが国内の芸娼妓と異なっていたのは、山崎がいう外国人を売春相手としていた点ではなく、彼女たちが常に膨張主義を標榜する日本国家と結びつけられていたからであった。結びつけていたのは、彼女たちを買う人々であり、彼女たちの同業者であり、彼女たちを利用、あるいは「救おう」とする人々、そしてなによりも彼女たち自身だった。

「性をひさいだ戦地の慰安婦も、この名［からゆきさん――引用者］でよばれたりもしている」[24]との言葉を鑑みれば、からゆきさんと「慰安婦」を明確に区別できるものはなく、だからこそ「慰安婦」の前史としてからゆきさんを単純に位置づけるのではなく、輻輳性を踏まえたうえで、からゆきさんと「慰安婦」がどのように繋がり、繋がらなかったのか、その構造と位相をこそ考察すべきである。「慰安婦」の監督をしていた元からゆきさんのサトの存在が示すように、そこでは、当然、植民地公娼制度や「慰安婦」制度のなかに組み込まれた朝鮮人女性や台湾人女性、そして占領地において「慰安婦」とされた各国の女性たちとの複雑な関係性もが考察対象になりうるだろう。

森崎の次の言葉は、より鋭く私たちに迫ってくる。

売られることもなく、売春の味も知らずに齢を重ねてしまう私が、からゆきさんと出会うことができる唯一の小道は、彼女らが海の外でアジア諸民族と肌をあわせつつ育てあげた特有の心象世界を、日本への鋭い内部批判として受けとることにある。そしてそれを、彼女らもまたすべての日本民衆と同じように他民族の一椀のめしを叩き落す存在ともなっていた地点を、見のがしてやるような不遜な立場をつくり出すことなく行なうことができるか否か、にある。[25]

本書において、時代を追ってからゆきさんに特化した言説と政策を検討し、からゆきさんの性を日本人男性への性へと囲い込んでいく見取り図は描けたかと思う。管理された女性の「身体」と「性」を日本人男性のために利用するという暴力的な思考は当時の膨張主義と相まって、後の「慰安婦」制度へと先鋭化されていった。言うまでもなく、「慰安婦」制度は何もないところから日本軍が突如出現させた制度ではない。その下地となったのは、本書で追ってきた、開国以前からの日本の伝統的な遊郭制度と、その制度を是として売春する女性の「身体」と「性」を経済の一貫として組み込んできた日本社会に加え、開国以降に醸成された、男性の慰安のために「消費」される女性を「供給」することを優先させるといった意識であった。しかも、その過程では常に人身売買的な要素は隠蔽され、女性の意志による行為とされてきた。複雑なのは、そうした意識を女性を取り囲む人々のみならず女性自身も少なからず共有していたという点だろう。植民地化の過程で、そうした意識が日本人以外の女性たちにも投影され、より構造的な暴力で巻き込むシステムとして出現したのが、「慰安婦」制度だった。

そこでは被植民者の「身体」と「性」も入り込むことによって、より重層的で複雑な権力関係が生じていた。からゆきさんとはその輻輳する地点に立たされた女性であった。からゆきさんを「慰安婦」や現代の「セックスワーカー」と重ね合わせることには慎重であるべきである。またその意味において、「被害者」や「犠牲者」、あるいは「出稼ぎ者」や「植民者」という一側面のみで描くことにも注意深くあらねばならないことも了解されよう。そこには日本の植民地主義の歴史が深く絡みついているのである。

註

(1) 森崎、前掲書、九頁。
(2) 森崎、前掲書、一九頁。
(3) 森崎、前掲書、四七頁。
(4) 森崎、前掲書、四八頁。
(5) 山崎、前掲書、八頁。
(6) 山崎、前掲書、一一－一二頁。
(7) 山崎、前掲書、一二頁。
(8) 山崎、前掲書、一二頁。
(9) 山崎、前掲書、九七頁。
(10) 森崎和江「からゆきさんが抱いた世界」『現代の眼』一五巻六号、一九七四年六月。
(11) 森崎和江「からゆきさん――あるからゆきさんの生涯」谷川健一、鶴見俊輔、村上一郎編『ドキュメント日本人５棄民』学林書房、一九六九年、前掲書、八－九頁参照。
(12) 森崎、前掲書、九頁。
(13) 森崎、前掲書、九頁。
(14) 森崎、前掲書、九頁。

(15) 森崎、前掲書、一五頁。
(16) 森崎、前掲論文、一二〇頁。
(17) 森崎、前掲論文、一二三頁。
(18) 森崎、前掲書、一一頁。
(19) 山崎、前掲書、二七一頁。
(20) 山崎、前掲書、二七二―二七三頁
(21) むしろ私たちが考えるべきは、なぜ森崎の意図が看過され、山崎の『サンダカン』は社会に広く受容されたのか、だろう。また、森崎のからゆきさんの描き方に問題がないわけではない。その点については、森崎のジェンダー観もふくめて稿を改めて検討したいと考えている。
(22) 森崎、前掲書、九頁。
(23) 森崎、前掲論文、一二〇頁。
(24) 森崎、前掲書、一九頁。
(25) 森崎、前掲論文、一二三頁。

あとがき

本書は二〇一三年一二月に一橋大学大学院言語社会研究科に提出した博士論文を加筆・修正したものです。大学院在学中から本書を執筆するまでの過程で本当に多くの方々にお世話になりました。全ての方のお名前を挙げることはできませんが、特にお世話になった方々のお名前を挙げてお礼に代えさせていただきます。

はじめに、ご指導いただいた新田啓子先生、イ・ヨンスク先生、鵜飼哲先生に心よりお礼を申し上げます。未熟な修士論文に興味を持ってくださったのは新田先生でしたが、修士課程で心細い思いを抱えながら手探りで研究をしていた私にとって、当時の新田先生の言葉は何よりうれしく、大きな励ましとなるものでした。イ先生、鵜飼先生にも、博士課程在学中、話し下手でたどたどしい私の言葉に辛抱強く耳を傾けていただき、彷徨いがちな私をいつも優しく見守っていただきました。それぞれのゼミでは、哲学、文学、思想、歴史、言語など専門が異なる多くのゼミ仲間と、幅広くかつ深く人文学を追求した議論に浴し、知的刺激を受けるとともに研究の方向性を常に意識することを学ばせていただきました。折々にもたらされるご助言がなければ、本書の基となった博士論文が書かれることはありませんでした。この場を借りてお礼を申し上げます。

博士論文審査に加わってくださった宋連玉先生にも、審査時に貴重なご助言を多くいただきました。いただいたご質問はどれも重要で本書では充分に応えられていない部分も多いですが、今後の研究のなかでより深めて応えられるよう努めていきたいと考えております。

修士課程と博士課程を合わせればずいぶん長きにわたった院生生活でしたが、多くの出会いがありました。まずは、一橋大学ジェンダー社会科学研究センター（CGraSS）でリサーチ・アシスタントとして働いていた二年の間、坂元ひろ子先生、伊藤るり先生、貴堂嘉之先生には、数々の貴重な経験をさせていただくと同時に、各領域におけるジェンダー視点の大切さを教えていただきました。

また、所属していた一橋大学言語社会研究科は様々な専門分野の院生が集う場であり、惜しみなく自身が持つ知識や情報を共有してくれる方々ばかりでしたが、とりわけゼミの先輩である鈴木俊弘氏には博士課程進学以降、文献の読み方から論文の書き方まで多くのことを教えていただきました。読書会で、テクストの言葉ひとつひとつを当時の文脈の中で読み込み、その系譜と当時の世界観を鮮やかに再現される様を間近で見ることができたことは本当に貴重な経験でした。本書の原稿にも目を通していただき適切なアドバイスを多くいただきましたことを改めてお礼申し上げます。

さらに、申知瑛さん、西亮太さん、吉田裕さん、片岡佑介さん、小野百合子さん、松田潤さん、今津有梨さん、番園寛也さんをはじめとする太平洋を泳ぐ村（研究会）の参加メンバーには、深く感謝の意を表したいと思います。時間を調整し、議論を共有し、思索を深め、自身の意見を遠慮なく交わすことができる、そんな「場」を作ることに心を砕き、それを「大切で楽しい」と感じるメンバーが集まり、どれほど心強く、また多くの学問的刺激をいただいたことか。この場をお借りして改めてお礼を申し上げます。

本書の資料収集の際には、国立国会図書館をはじめとして、福岡県立図書館、北九州市立図書館、長崎県立図書館、長崎歴史文化博物館、口之津歴史民俗資料館、天草市立天草アーカイブ等で図書館職員の方や司書の方々に大変お世話になりました。また、資料収集と本書の基となった投稿論文及び博士論文は、日本学術振興会特別研究員奨励金を受けた成果でもあります。心から感謝申し上げます。

そして、尻込みしていた私を粘り強く説得し、このような出版の機会を与えてくださった共栄書房の平田勝社長、編集の山口侑紀さんにお礼を申し上げます。読みづらい博士論文を再構成し、丁寧に原稿を確認してくださる仕事ぶりに何度も励まされました。こうして出版できたのはお二人のお陰です。心よりお礼を申し上げます。もっとも、本書に関わる誤りのすべてが私に帰すべきものであることは言うまでもありません。

最後に、歩みの遅い私を常に見守り、励ましてくれる両親と弟、そして木原健次に最大限の感謝を込めて。

二〇一五年五月　嶽本新奈

【参考文献】

赤松啓介『夜這いの民俗学・夜這いの性愛論』ちくま学芸文庫、二〇〇五年。

青木澄夫『アフリカに渡った日本人』時事通信社、一九九三年。

――『放浪の作家 安藤盛と「からゆきさん」』風媒社、二〇〇九年。

青山薫『「セックスワーカー」とは誰か――移住・性労働・人身取引の構造と経験』大月書店、二〇〇七年。

アラン・コルバン『娼婦』藤原書店、一九九一年。

アン・ローラ・ストーラ『肉体の知識と帝国の権力――人種と植民地支配における親密なるもの』永渕康之・水谷智・吉田信訳、以文社、二〇一〇年。

市川房枝編『日本婦人問題資料集成 第一巻 人権』ドメス出版、一九七八年。

伊藤秀吉『日本廃娼運動史』不二出版、一九九五年。

今西一『近代日本の差別と性文化――文明開化と民衆世界』雄山閣、二〇〇三年。

今村昌平企画『村岡伊平治自伝』講談社文庫、一九八七年。

入江寅次『邦人海外発展史』井田書店、一九四二年。

大越愛子『近代日本のジェンダー』三一書房、一九九七年。

大場昇『からゆきさん おキクの生涯』明石書店、二〇〇一年。

オールコック『大君の都――幕末日本滞在記――中』山口光朔訳、岩波書店、一九六二年。

――『大君の都――幕末日本滞在記――下』山口光朔訳、岩波書店、一九六二年。

岡本勝『アメリカ禁酒運動の軌跡——植民地時代から全国禁酒法まで』ミネルヴァ書房、一九九四年。

奥田暁子編『鬩ぎ合う女と男——近代 下 女と男の時空—日本女性史再考 一三巻』藤原書店、二〇〇〇年。

長田忠一『新々赤毛布』（一九〇四年）復刻版『明治北方調査探検記集成（七）』所収、ゆまに書房、一九八八年。

小野沢あかね『近代日本社会と公娼制度——民衆史と国際関係史の視点から』吉川弘文館、二〇一〇年。

大日方純夫『日本近代国家の成立と警察』校倉書房、一九九二年。

沖野岩三郎『娼妓解放哀話』中公文庫、一九八二年。

荻野美穂『ジェンダー化される身体』勁草書房、二〇〇二年。

折井美耶子編集『資料 性と愛をめぐる論争』ドメス出版、一九九一年。

加藤秀一『〈恋愛結婚〉は何をもたらしたか——性道徳と優生思想の百年間』ちくま新書、二〇〇四年。

加藤千香子・細谷実編『ジェンダー史叢書五巻 暴力と戦争』明石書店、二〇〇九年。

金井圓編訳『描かれた幕末明治 イラストレイテッド・ロンドン・ニュース 日本通信一八五三—一九〇二』雄松堂書店、一九七四年。

加納実紀代編『リブの〈革命〉——近代の闇をひらく』インパクト出版会、二〇〇三年。

鹿野政直『兵士であること——動員と従軍の精神史』朝日新聞社、二〇〇五年。

ガヤトリ・C・スピヴァク『サバルタンは語ることができるか』上村忠男訳、みすず書房、二〇〇九年。

川田文子『戦争と性——近代公娼制度・慰安所制度をめぐって』明石書店、一九九五年。

川元祥一『開港慰安婦と被差別部落——戦後RAA慰安婦への軌跡』三一書房、一九九七年。

金一勉『遊女・からゆき・慰安婦の系譜』雄山閣出版、一九九七年。

工藤美代子『カナダ遊妓楼に降る雪は』晶文社、一九八三年。

――『哀しい目つきの漂流者』集英社、一九九一年。

久布白落実『廃娼ひとすじ』中公文庫、一九八二年。

倉橋正直『からゆきさんの唄』共栄書房、一九九〇年。

――『島原のからゆきさん――奇僧・広田言証と大師堂』共栄書房、一九九三年。

――『従軍慰安婦問題の歴史的研究――売春婦型と性的奴隷型』共栄書房、一九九四年。

――『北のからゆきさん』共栄書房、二〇〇〇年。

ケンプェル『ケンプェル江戸参府紀行 下巻』呉秀三訳、駿南社、一九二九年。

古賀十二郎『新訂 丸山遊女と唐紅毛人 前編』長崎文献社、一九九五年。

――『新訂 丸山遊女と唐紅毛人 後編』長崎文献社、一九九五年。

国際日本文化研究センター編『世界の日本研究2002――日本統治下の朝鮮：研究の現状と課題』国際日本文化研究センター海外研究交流室、二〇〇三年。

小森陽一、成田龍一、木下直之編『日露戦争スタディーズ』紀伊国屋書店、二〇〇四年。

小谷野敦『江戸幻想批判――「江戸の性愛」礼讃論を撃つ』新曜社、一九九九年。

佐伯順子『遊女の文化史――ハレの女たち』中公新書、二〇〇三年。

酒井直樹・ブレッド・ド・バリー・伊豫谷登士翁編『ナショナリティの脱構築』柏書房、一九九六年。

清水元『アジア海人の思想と行動――松浦党・からゆきさん南進論者』ＮＴＴ出版、一九九七年。

清水洋・平川均『からゆきさんと経済進出――世界経済のなかのシンガポール―日本関係史』コモンズ、一九九八年。

下重清『〈身売り〉の日本史 人身売買から年季奉公へ』吉川弘文館、二〇一二年。

ジャック・ロシオ『中世娼婦の社会史』阿部謹也・土浪博訳、筑摩書房、一九九二年。

ジョーン・W・スコット『増補新版 ジェンダーと歴史学』平凡社ライブラリー、二〇〇四年。

ジョルジュ・デュビィ／ミシェル・ペロー監修『女の歴史6 十九世紀2』杉村和子・志賀亮一監訳、藤原書店、一九九六年。

ジョージ・L・モッセ『ナショナリズムとセクシュアリティ』佐藤卓巳・佐藤八寿子訳、柏書房、一九九六年。

白石顕二『ザンジバルの娘子軍（からゆきさん）』冬樹社、一九八三年。

新城郁夫編『沖縄・問いを立てる―3 攪乱する島――ジェンダー的視点』社会評論社、二〇〇八年。

鈴木裕子編『日本女性運動資料集成 八巻 人権・廃娼Ⅰ』不二出版、一九九七年。

――編『日本女性運動資料集成 九巻 人権・廃娼Ⅱ』不二出版、一九九八年。

総合女性史研究会編『日本女性史論集 九 性と身体』吉川弘文館、一九九八年。

曽根ひろみ『娼婦と近世社会』吉川弘文館、二〇〇三年。

宋連玉・金栄編『軍隊と性暴力――朝鮮半島の二〇世紀』現代史料出版、二〇一〇年。

田崎英明『売る身体／買う身体――セックスワーク論の射程』青弓社、一九九七年。

竹村民郎『廃娼運動』中公新書、一九八二年。

――『大正文化 帝国のユートピア――世界史の転換期と大衆消費社会の形成』三元社、二〇〇四年。

谷川健一編『近代民衆の記録３ 娼婦』新人物往来社、一九七一年。

――編『ドキュメント日本人５ 棄民』学芸書林、一九六九年。

鶴田文史編著『歴史と文芸と青春――天草崎津浦物語・別巻』近代文芸社、二〇〇六年。

唐権『海を越えた艶ごと』新曜社、二〇〇五年。

中村三郎『日本売春取締考――日本売春史―第三巻』日本風俗研究会、一九五四年。

中村茂樹『近代帝国日本のセクシュアリティ』明石ライブラリー、二〇〇四年。

日本キリスト教婦人矯風会編『日本キリスト教婦人矯風会百年史』ドメス出版、一九八六年。

早川紀代『近代天皇制国家とジェンダー』青木書店、一九九八年。

――編『〈戦争・暴力と女性３〉植民地と戦争責任』吉川弘文館、二〇〇五年。

早川紀代・李ヒョン娘・江上幸子・加藤千香子編『東アジアの国民国家形成とジェンダー』青木書店、二〇〇七年。

林博史編『共同研究 日本軍慰安婦』大月書店、一九九七年。

林玲子・柳田節子監修『アジア女性史――比較史の試み』明石書店、一九九七年。

原田伴彦『長崎』中公新書、一九六四年。

ヒュー・コータッツィ『維新の港の英人たち』中須賀哲朗訳、中央公論社、一九八八年。

藤野豊『性の国家管理――賣売春の近現代史』不二出版、二〇〇一年。

藤目ゆき『性の歴史学――公娼制度・堕胎罪体制から売春防止法・優生保護法体制へ』不二出版、一九九九年。

堀江満智『ウラジオストクの日本人街――明治・大正時代の日露民衆が語るもの（ユーラシア・ブックレット

七三）』東洋書店、二〇〇五年。

牧英正『近世日本の人身売買の系譜』創文社、一九七〇年。

――『人身売買』岩波新書、一九七一年。

三橋修『明治のセクシュアリティ――差別の心性史』日本エディタースクール、一九九九年。

宮崎康平『からゆきさん物語』不知火書房、二〇〇八年。

村上信彦『明治女性史 下巻』理論社、一九七二年。

森克己『人身売買――海外出稼ぎ女』至文堂、一九五九年。

森崎和江『異族の原基』大和書房、一九七一年。

――『からゆきさん』朝日新聞社、一九七六年。

森田朋子編『女の社会史一七―二〇世紀』「一章 マリア＝ルス号事件と芸娼妓解放令」山川出版社、二〇〇一年。

山崎朋子『サンダカン八番娼館』筑摩書房、一九七二年。

――『サンダカンの墓』文藝春秋、一九七四年。

――『あめゆきさんの歌』文藝春秋、一九七八年。

山田盟子『慰安婦たちの太平洋戦争――秘められた女たちの戦記』光人社、一九九一年。

――『「娘子軍」哀史――からゆき、娼婦、糸工女たちの生と死』光人社、一九九二年。

横山源之助著書代表『明治記録文学集 明治文学全集九六』筑摩書房
吉田常吉『唐人お吉』中公新書、一九六六年。

吉見周子編『日本女性史 第四巻 近代』「売娼の実態と廃娼運動」東京大学出版会、一九八二年。

ロナルド・ハイアム『セクシュアリティの帝国』本田毅彦訳、柏書房、一九九八年。

渡部英三郎『日本売春史』鏡浦書房、一九六〇年。


〈雑誌・新聞〉

『編集復刻版・買売春問題資料集成【戦前編】』第一—三二巻、不二出版、一九九七年。

『復刻版・廓清』廓清会編、第一—三四巻、不二出版、一九八六年。

『復刻版・婦人新報』日本キリスト教婦人矯風会編、第一—六〇巻、不二出版、一九八五年。

『愛国婦人』愛国婦人会、マイクロフィルム、一九〇二—一九四五年。

『東洋日の出新聞』マイクロフィルム、一九〇二—一九三四年。

『門司新報』マイクロフィルム、一八九三—一九三八年。

『福岡日日新聞』マイクロフィルム、一八八〇—一九四二年。


〈論文〉

青山晴美「『女』であること・オーストラリア（第一話）『からゆきさん』と呼ばれた女たち」『研究論集』愛知学泉大学編、三六号、二〇〇一年。

秋定嘉和「「存娼論」の主張と行動——昭和十年二月の全国貸座敷聯合会臨時大会の紹介——」『キリスト教社会問

題研究』三七号、一九八九年三月。

阿部保志「明治五年井上馨の遊女「解放」建議の考察――近代的公娼制への志向」『史流』三六号、一九九六年六月。

――「明治五年横浜における貸座敷制の成立――近代的公娼制の成立」『史流』三七号、一九九七年。

イチオカ、ユージ　訳中村宗子「あめゆきさん――一九世紀アメリカにおける日本人売春婦」『女性学年報』(二号)、一九八一年一〇月。

伊藤晃／藤目ゆき／鈴木祐子「戦後責任を問い直す――象徴天皇制・米軍暴力・歴史教科書の観点を通して」『女性・戦争・人権』五号、二〇〇二年一二月二〇日。

伊藤康子「地域女性史からみた愛国婦人会」『中京女子大学研究紀要』三一号、一九九七年。

今中保子「一九二〇―一九三〇年代の廃娼運動とその歴史的意義――広島県を中心として」『歴史学研究』五五九号、一九八六年一〇月。

植田朱美「民法における日本女性の近代化――「明治民法」から「民法改正要綱」へ」『女性・戦争・人権』六号、二〇〇三年一二月一日。

大越愛子「ジュリア・クリステヴァの視点――知の解体のためのフェミニスト的実践」『女性学年報』五号、一九八四年一一月。

大橋稔「シンポジウム報告フェミニズムとコロニアリズム」『女性・戦争・人権』六号、二〇〇三年一二月一日。

岡崎亜澄・山根真理「大正期における性規範に関する研究――貞操論、廃娼論を中心として」『愛知教育大学家政教育講座研究紀要』三三。三四号、二〇〇二年。

荻野美穂子「雑誌『女性日本人』に見る大正期の女性解放論」『女性学年報』四号、一九八三年一一月。

小倉襄二「廃娼論の輪郭――山室軍平の主張と背景――」『キリスト教社会問題研究』六号、一九六二年四月。

――「キリスト者の社会事業実践と戦時厚生事業――抵抗の挫折について」『キリスト教社会問題研究』一〇号、一九六六年四月。

――「〈資料〉「廓清会」の成立――廃娼運動史の系譜」『人文学』九七号、一九六七年七月。

――「廃娼の思想――山室軍平・『社会廓清論』を中心に」『キリスト教社会問題研究』三〇号、一九八二年二月。

――「烙印と福祉史――冥さの思想史へのノート」『キリスト教社会問題研究』三七号、一九八九年、三月。

――「天皇制と社会事業――なぜ〝福祉〟なのか」『部落』四三巻三号、一九九一年三月。

小野沢あかね「帝国議会開設期の廃娼運動――群馬県を中心として」『歴史学研究』六三七号、一九九二年一〇月。

――「大正デモクラシー期の廃娼運動の論理――長野県を中心として」『歴史学研究』六六八号、一九九五年二月。

――「「国際的婦女売買」論争（一九三一年）の衝撃――日本政府の公娼制度擁護論破綻の国際的契機」『国際関係学研究』二四号、一九九七年。

――「一九三〇年代の廃娼運動――公娼廃止から性教育へ――」『史学雑誌』一〇六巻七号、一九九七年七月。

――「一九九七年度歴史学研究会大会報告批判」『歴史学研究』七〇五号、一九九七年一二月。

――「藤目ゆき著『性の歴史学』書評」『日本史研究』四三三号、一九九八年九月。

――「第一次世界大戦後における廃娼運動の拡大――日本キリスト教婦人矯風会の活動を中心として」『国際関係

学研究』二六号、一九九九年。

――「公娼制度廃止問題の歴史的位置――戦間期日本における勤倹貯蓄と女たち」『歴史学研究』七六四号、二〇〇二年七月。

片野真佐子「天皇制下の性と人間――『廓清』に見る廃娼運動の一側面」『福音と世界』三七巻一一号、一九八二年一一月。

川田文子「徹底追及「自由主義史観」――「慰安婦」＝「公娼」論を繰り返す日本の男の性意識」『金曜日』五巻七号、一九九七年二月二一日。

小山静子「近代的女性観としての良妻賢母思想――下田次郎の女子教育思想にみる一典型」『女性学年報』一七号、一九八二年一一月。

――「与謝野晶子における女性解放思想――良妻賢母主義教育批判を中心に」『女性学年報』四号、一九八三年一一月。

神田多恵子「売春禁止途上の日本――犯罪防止及び犯罪者の処遇に関する国連アジア会議における報告書」『法律時報』三〇巻二号、一九五八年二月。

佐々木敏二「榎本武揚の移民奨励政策とそれを支えた人脈」『キリスト教社会問題研究』三七号、一九八九年三月。

椎名其二「奴隷としての女――パリの売笑婦たち」『法律時報』三〇巻二号、一九五八年二月。

清水左市「性風俗小史（上）――廃娼運動の変遷」『警察学論集』三八巻一二号、一九八五年一二月。

――「性風俗小史（下）――廃娼運動の変遷」『警察学論集』三九巻一号、一九八六年一月。

清水美和子「愛国婦人会の〈女中〉をめぐる社会事業――両大戦間期を中心に」『関西国際大学研究紀要』第二号、

二〇〇一年。

鈴木壽一「日本における売春関係法制の沿革」『法律時報』三〇巻二号、一九五八年二月。

鈴木裕子「セカンド・レイプにほかならない（公娼論に反論する）」『世界』六三二号、一九九七年三月。

千本木みち子「日本に於ける廃娼運動史」『婦人の世紀』八号、一九四九年一月。

宋連玉「書評　藤目ゆき『性の歴史学』」『歴史学研究』七〇八号、一九九八年三月。

――「朝鮮植民地支配における公娼制」『日本史研究』三七一号、一九九三年七月。

竹村民郎「反天皇制ファシズム論」『現代の理論』九巻一一号、一九七二年一一月。

――「公娼制度の定着と婦人救済運動――二〇世紀初頭大連において」『環』一〇号、二〇〇二年、sum。

――「公娼制度成立前後――二〇世紀初頭大連の場合」『アジア遊学』四四号、二〇〇二年一〇月。

谷口絹枝「森崎和江への一視点・覚え書――『からゆきさん』に即して」『社会文学』一五号、二〇〇一年。

趙徳玉「近代日本婦女の海外出稼ぎと女性への人権侵害――『門司新報』の記事分析を中心に」『九州国際大学社会文化研究所紀要』三九号、一九九七年三月。

ド＝フェリス、T・H「世界の廃娼制度」『法律時報』（三〇巻二号）、一九五八年二月。

西村みはる「女学雑誌にみる廃娼論とその影響――巖本善治を中心に」『日本女子大学紀要・文学部』三一号、一九八一年。

――「創設期婦人救済所の意図と実態――『ときのこえ』にみる資料を中心に」『日本女子大学社会福祉学科』二三号、一九八三年。

畠中暁子「『廓清』における優生思想の影響と論議の展開――リプロダクティブライツと障害者の生きる権利の狭間を考える端緒として」『キリスト教社会問題研究』四九号、二〇〇〇年一二月。

――「『廓清』における産児調節論の展開――障害児の生まれ生きる権利と女性の生きる権利及び産み育てる権利の展開」『キリスト教社会問題研究』五〇号、二〇〇一年一二月。

羽田野慶子「〈自由に売春する身体〉の成立――明治期廃娼論にみる売春女性イメージ」『女性学年報』一九号、一九九八年一一月。

福田淳子「からゆきさんのイメージと実像――出身地、渡航地に関する考察」『民族社会研究』一号、一九九八年。

藤永壯「植民地朝鮮における公娼制度の確立――一九一〇年代のソウルを中心に」『二十世紀研究』五号、二〇〇四年一二月。

藤林伸治「自由民権と廃娼運動」『福音と世界』三七巻一一号、一九八二年一一月。

藤目ゆき「戦間期日本の産児調節運動とその思想」『歴史評論』四三〇号、一九八六年二月。

――「ある産婆の軌跡――柴原浦子と産児調節」『日本史研究』三六五号、一九九三年二月。

船橋邦子「『婦女新聞』と福島四郎」『婦人問題懇話会々報』三八号、一九八三年。

前田訣子「明治時代の廃娼運動」『日本史研究』三五号、一九五八年一月。

松野誠也「軍紀・風紀からみた日本軍と「慰安婦」問題――一九三九年初頭までの華中戦線を中心に」『歴史評論』六四〇号、二〇〇三年八月。

水溜真由美「森崎和江『からゆきさん』をどう読むか」『女性・戦争・人権』五号、二〇〇二年一二月。

三輪公忠「満州をめぐる国際関係――十九世紀末から二〇世紀前半にかけて」『環』一〇号、二〇〇二年、sum。
村山幸輝「『社会廓清論』の世界――山室軍平の廃娼論」『キリスト教社会問題研究』三七号、一九八九年三月。
室田保夫「戦前の『ときのこえ』覚え書」『キリスト教社会問題研究』三七号、一九八九年三月。
森克己「挽歌・からゆきさん物語」『論争』二号、一九六二年。
山田昇「巖本善治の女学論・廃娼論の考察」『奈良女子大学文学部研究年報』三五号、一九九一年。
楊　善英「日本キリスト教婦人矯風会の廃娼運動――一九〇〇年代における支部の活動を中心に」『言語・地域文化研究』九号、二〇〇三年三月。
吉見義明「歴史資料をどう読むか（公娼論に反論する）」『世界』（六三二号）、一九九七年三月。
Butler, Judith. *Bodies That Matter: On the Discursive Limits of "Sex."* New York: Routledge, 1993.
――. *Excitable Speech: A Politics of the Performative.* New York: Routledge,1997.
Butler, Judith and Joan W. Scott eds. *Feminists Theorize the Political.* New York: Routledge, 1992.
Douglas, Mary. *Purity and Danger: An Analysis of Concept of Pollution and Taboo.* New York: Routledge, 2002.
Foucault, Michel. *The History of Sexuality: Volume I : An Introduction.* Trans. Robert Hurley. New York: Vintage, 1990.
Frühstück, Sabine. *Colonizing Sex: Sexology and Social Control in Modern Japan.* Berkeley and Los Angels: U of California P, 2003.
Gilligan, Carol. *In a Different Voice: Psychological Theory and Women's Development.* Cambridge, Harvard UP, 1982.
McClintock, Anne. *Imperial Leather: Race, Gender and Sexuality in the Colonial Contest.* New York: Routledge, 1995.

Pratt, Mary Louise. *Imperial Eyes: Travel Writing and Transculturation*. New York: Routlege, 1992.

Scott, Joan Wallach. *Gender and the Politics of History.* New York: Columbia UP, 1988.

Showalter, Elaine. *Sexual Anarchy: Gender and Culture at the Fin de siècle.* London: Virago, 1992.

Stoler, Ann Laura. *Carnal Knowledge and Imperial Power: Race and the Intimate in Colonial Rule.* Berkeley and Los Angels: U of California P, 2002.

——. *Race and the Education of Desire: Foucault's History of Sexuality and the Colonial Order of Things.* Durham: Duke UP, 1995.

Takaki, Ronald ed. *From Different Shores: Perspectives on Race and Ethnicity in America.* Oxford: Oxford UP, 1987.

Tanaka, Yuki. *Japan's Comfort Women: Sexual Slavery and Prostitution During World War II and the US Occupation.* New York: Routledge, 2002.

Warren, James Francis. *Ah Ku and Karayuki-san: Prostitution in Singapore, 1870-1940.* Singapore: Singapore UP, 2003.

嶽本新奈（たけもと にいな）

1978年生まれ。一橋大学大学院言語社会特別研究員。2014年3月一橋大学大学院言語社会研究科博士課程修了。博士（学術）。専門は日本近代ジェンダー史。論文に「『からゆき』という歴史事象の創出の背景――『性的自立性』の多様性」（『言語社会』、2008年）、「優生学と結びつく『在外売淫婦』批判の検討」（『ジェンダー史学』、2009年）、「分断される『女／性』――愛国婦人会芸娼妓入会をめぐって」（『ジェンダーと社会――男性史・軍隊・セクシュアリティ』、2010年）、「『からゆき』渡航幇助者のジェンダーと役割の一考察――「密航婦」記事を手がかりにして」（『ジェンダー史学』、2011年）などがある。

「からゆきさん」――海外〈出稼ぎ〉女性の近代

2015年5月25日　初版第1刷発行
2021年7月10日　初版第2刷発行

著者 ――――嶽本新奈
発行者 ―――平田　勝
発行 ――――共栄書房
〒101-0065　東京都千代田区西神田2-5-11 出版輸送ビル2F
電話　03-3234-6948
FAX　03-3239-8272
E-mail　master@kyoeishobo.net
URL　http://www.kyoeishobo.net
振替　00130-4-118277
装幀 ――――生沼伸子
カバー写真 ―― 理性院大師堂提供
印刷・製本 ―― 中央精版印刷株式会社

©2015　嶽本新奈

本書の内容の一部あるいは全部を無断で複写複製（コピー）することは法律で認められた場合を除き、著作者および出版社の権利の侵害となりますので、その場合にはあらかじめ小社あて許諾を求めてください

ISBN 978-4-7634-1064-1 C3020

従軍慰安婦と公娼制度

従軍慰安婦問題再論

倉橋正直

定価（本体 2000 円＋税）

「性的奴隷型」と「売春婦型」——２つのタイプの検討を通じて従軍慰安婦問題の核心に迫る。

中国戦線の日本人町全体に日本人売春婦が一万五千人もいた。日本軍と共生して中国各地で「日本人町」を形成した日本人商人、日本の公娼制度との関連など、日本近代史の恥部に光をあてながら、従来の画一的な「従軍慰安婦像」を排し、「自虐的」でも「ねつ造」でもない「実像」に迫る。

北のからゆきさん　新装版

倉橋正直

定価（本体 1800 円＋税）

日本近代史の恥部を暴く——
かつてシベリア・満州におびただしい数の日本の女たちが、時には危険をおかしてまで進出していった。近代史の恥部として隠されていた事実と哀歌を、シベリア・満州を舞台に、生々しい資料を駆使して描く。